U0540304

青春期挑战

成长的答案，心理学知道

编著 于文思 张天羽 张向葵

图书在版编目（CIP）数据

青春期挑战 / 张向葵，张天羽，于文思编著. -- 北京：天天出版社，2024.4
ISBN 978-7-5016-2270-2

Ⅰ.①青… Ⅱ.①张… ②张… ③于… Ⅲ.①青春期 – 家庭教育 Ⅳ.①G782

中国国家版本馆CIP数据核字(2024)第067883号

责任编辑：冀　晨　崔旋子	美术编辑：林　蓓
责任印制：康远超　张　璞	

出版发行：天天出版社有限责任公司
地址：北京市东城区东中街42号　　　邮编：100027
市场部：010-64169902　　　传真：010-64169902
网址：http://www.tiantianpublishing.com
邮箱：tiantiancbs@163.com

印刷：三河市春园印刷有限公司	经销：全国新华书店等
开本：880×1230　1/32	印张：11.75
版次：2024年4月北京第1版	印次：2024年4月第1次印刷
字数：210千字	
书号：978-7-5016-2270-2	定价：42.00元

版权所有·侵权必究
如有印装质量问题，请与本社市场部联系调换。

目录

1   序

1   **内心强大的人，无往不胜**

3   孩子内心脆弱怎么办？

14   如何面对孩子的"玻璃心"？

23   怎么治愈孩子的"红眼病"？

33   孩子爱发脾气怎么办？

43   怎么让孩子"信心百倍"？

51   自尊量表（SES）

53   怎么帮助孩子告别"郁郁寡欢"的状态？

61   怎么与叛逆的孩子"握手言欢"？

70   "Hong"氏逆反心理量表

72	怎么面对孩子的"三天打鱼，两天晒网"？
83	意志力量表
87	怎么帮助孩子抵御"糖衣炮弹"？
96	中学生自我控制量表
100	怎么面对"断不了奶"的孩子？
112	青少年学生自立人格量表

117　学习是重要问题，却不是全部问题

119	怎么引领孩子向往未来的生活？
129	怎么引导孩子"爱学习""会学习"？
140	感知学习风格量表
143	怎么面对"不想上学"的孩子？
152	青少年学习倦怠量表
155	怎么引导孩子正确看待成绩排名？
166	中学生学业社会比较问卷
171	怎么提升孩子学习的内驱力？
181	怎么让孩子告别"低头族"？

194	如何让孩子远离烟酒？
207	怎么化解孩子自残行为的危机？
216	孩子的拖拉行为怎么改？
226	气质类型问卷
231	孩子过分追求瘦怎么办？
242	进食障碍问卷——身体不满意分量表

243　成长，80% 在家长的视线之外

245	如何帮助孩子结交真正的朋友？
254	友谊质量量表
258	有一种成长叫作克服"社交焦虑"
269	交往焦虑问卷
271	怎么改变孩子使用武力解决问题的行为？
281	怎么让孩子学会躲避他人的伤害？
291	欺凌的类型
292	如何帮助孩子远离不良信息？
302	怎么避免孩子深陷"饭圈文化"？

312	怎么让孩子不做"键盘侠"?
323	如何与网络游戏"断舍离"?
335	游戏成瘾的诊断标准
337	怎么引导孩子走出网络直播的泥沼?
347	网络成瘾评估工具(IAT)
350	怎么让孩子明白网络消费可能是"吸金黑洞"?

序

"青少年"是朝气蓬勃、梦幻而又变幻莫测的代名词,他们在现实生活与文艺作品中都熠熠发光。单纯无邪的孩童,为何步入青春期就烦恼频发?为何"反抗呐喊"增多?为何"我要喝杯忘情水,大人们总是不能满足我"?是呀,当孩子们步入那个充满困惑、矛盾、焦虑、无助且多姿多彩的青春期时,父母与孩子都没有做好准备。

青春期的孩子们认为自己是"成人"了,产生了"成人感",可父母们仅看到孩子长大了,心里并没有接受孩子的"成人感",这就造成了青春期教育的困难。自诩为"新新父母"的家长,自认为比上辈人更懂得孩子的所知所爱,更注重亲子关系,更强调爱、平等与自由,但当大家真正站在孩子面前处理问题时,却不由自主地感受到自己并不懂孩子,不知道他们在想什么,他们为何烦恼,他们为什么对抗,他们为什么"软硬不吃""刀枪不入"……

有一天,一位母亲向我坦言,自己的孩子正值初中,已经不再像小时候那么"好管"了。尤其是步入青春期后,学习状态欠佳,喜欢照镜子,放学迟迟不回家……这位妈妈猜想,孩子可能"早恋"了,试图旁敲侧击去了解情况;但转念一想,这种现象属于青春期的正常表现,很可能是自己多虑了,便没有询问。相反,家里的老人却谈"爱"色变,断定"早恋毁一生",要不问青红皂白地将孩子的想法扼杀在摇篮中。权衡之后,这位妈妈觉得老人的话也不是没有道理,于是对自己的育儿方式产生了怀疑,不知何去何从。

类似的观念冲突与困惑,父母常常会遇到:该不该给孩子买手机?如何面对不想上学的孩子?孩子爱发脾气,应该怎么办?早恋了、网恋了,不会交朋友,被同学欺负了,怎么办?……每一个问题都如一道是否胜任父母角色的考题,检验着家长的教育智慧、知识、能力与方式方法的高低与优劣。

面对青少年教育问题,父母们的态度与行为是积极的,几乎都在如饥似渴地学习并积极寻找答案,结果却令人感到遗憾:讲理论太多,讲道理太少;讲故事太假,讲情感太弱;讲知识太死,讲方法太少;一本书观点混乱的情况太多,用得上的指导太少。对此,家长们期待有一本书,它可以不是专业的心理学著作,但一定要兼具心理学科学;它可以不是唯美的文学作品,但一定是文笔流畅、笔调轻松、娓娓道来的科普之作;它可以不是解决问题的技术工具书,但它一定是实用性强、方法灵活且"一方一策总关

情"的应用性图书。《青春期挑战》恰好就是一本这样的书。概括全书,它有以下四个特点:

第一,它是符合父母"口味"的书。优美柔软的笔触、娓娓道来的话语、几十篇写给儿女的家书,打开了几十扇窗口,撬开了被我们忽视的某些"小角落"。集合起父母们说给儿女的私房耳语,让我们得以窥见"家长亦凡人"。父母是唯一没有"岗前培训"与"实习期"的职业,书中父母们的凡人、凡事与凡心也许能安慰到正在寻求教子智慧的你:这些都是常见问题,你若遇到,不是自己无能,也不是孩子不行,不过是证明了我们都是芸芸众生中的平凡一员。若想两代人"同频共振",那就需要"沟通无极限,温暖零距离"。

第二,它是贴近父母心理需求的书。通俗易懂的文字,内容丰富的测评工具,由点到面的层层铺垫,不仅丰富了父母关于青少年期发展的知识,而且有助于父母确认自己的直觉和经验;当呈现的内容与大家自认为的"常识"背道而驰时,又可以很好地修正与弥补。如果一切顺利,本书不仅能帮父母解决如何理解孩子、如何认识自己等问题,还能辅助塑造他们对周围世界的思考方式,帮助他们理解这一动态而复杂的年龄阶段。父母们会茅塞顿开,源头活水自然会来。

第三,它是关于如何胜任父母角色的书。直截了当的方法，循序渐进的对策，互动式的写作风格，帮助大家剖析在亲子教育方面有意、无意犯下的错误及其深层的心理根源，看清亲子关系是如何变质的以及过错之后如何及时补救，修复裂痕。学会用心倾听，培养情绪稳定的孩子；学会处理亲子间的感受，让孩子在和谐的关系中成长；学会打破恶性循环，避免把大家曾经吃过的苦复制到孩子身上；学会正确的激励与养育，让亲子关系变成孩子一生的力量之源。

第四，它是所有教育工作者都可读的书。除了亲子教育、青春期叛逆等话题，它还引进了诸多心理学领域的经典理论，如社会学习理论、归因理论、自我决定理论等。同时，身边的故事加上新锐的分析，令人顿生"天啊，事实竟是这样"的醍醐灌顶之感。它除了对个人有所帮助，对二我们整个社会在家庭教育上的误区：隔代抚养下的过度宠溺、"打是亲骂是爱"、高考至上、"小皇帝"、孝道崇拜等，更有着广泛的棒喝意义，不失为一部心灵自救和家庭幸福的通关全攻略。

本书是团队知识与智慧的结晶：张向葵主编，负责全书框架设计、大纲拟定、分册主题确定、内容审核、文字校对及稿件修改等；副主编张天羽、于文思，负责配合主编进行全书主题确定、逻辑框架梳理、量表核对、文字润色、修改校对等。第一部分《内心强大的人，无往不胜》

撰稿人是孙晓娟、王延淦、靳雅婷、吕香玲;第二部分《学习是重要问题,却不是全部问题》撰稿人是张天羽、吴博、姚雪;第三部分《成长,80%在家长的视线之外》撰稿人是闫亚昕、王堃炎、崔力炎、牛凯宁。

图书内容涉及青少年时期的种种问题,包括学习活动、情绪情感、意志品质、社会交往、网络接触、个人发展等。每一个子问题下,都有严谨的逻辑框架,包括现象、原因和对策三个部分:问题表现、问题分析和问题对策。问题表现部分,用一句话概括其心理问题,通俗易懂且包含心理学知识和原理;问题分析部分,整体上采用表层分析和深层分析两个层次阐明,抑或从个体层面、心理层面和社会层面予以说明,具体到每一个子层面,通过提炼出简洁的小标题,对此进行解释,并以生动切实的例子加以佐证;问题对策部分,是正文的重点,根据原因分析给父母们提出可操作性的应对建议,不生硬,不造作,不偏激,帮助父母用心理学知识"搞定"青春期的孩子。各篇以此设置出精准而严谨的逻辑框架,更符合父母的认知逻辑过程,帮助其在阅读的同时构建一个顺畅的逻辑思维过程。为了增强可读性和乐读性,除正文外,每篇还有与正文主题有关的名言一句、症状一段、问题指数评定,附带后果若干。力求以多种形式让父母在流畅的阅读中顿悟、深思,获取心理知识,开阔心胸眼界,用心理学知识解决孩子成长中的烦恼。

  该书中我们使用的一些心理问题测量量表及理论与知识观点，都是心理学界学者们的知识与智慧的结晶，在此向书中的心理学家、教育工作者及量表的研发者表示深深的谢意；向天天出版社的工作人员表示衷心的感谢，没有他们一丝不苟、兢兢业业的高度负责任的精神以及高水平的专业指导，此书很难付梓；感谢所有为本书默默付出辛劳的人们。

张向葵
2023 年 8 月 25 日

1 内心强大的人,无往不胜

孩子内心脆弱怎么办？

人的精神力量比体力更富于生命力。

——[俄]列夫·托尔斯泰

表现：赢得起，输不起，不允许自己犯错误。

常见指数：★★★★

影响：孩子脆弱的心理犹如一枚蛋壳，时时需要轻拿轻放、重点呵护，否则轻轻一碰就会产生裂痕，压力稍大就成了碎片。"蛋壳心理"的直接后果直观可见：轻则表现为孩子赢得起，输不起，不允许自己犯错误；重则致使孩子拒绝批评、回避挑战、轻言放弃，极端者甚至在遇到挫折后以自己的生命为筹码向父母发出"终极警告"。

面对孩子的"蛋壳心理",只有洞察经年累月形成这一心理的原因,才能为孩子的"打怪升级"之路提供"顶级装备"。

内心脆弱,表现也脆弱(外显性脆弱)

外显性脆弱,即孩子遇到挫折后能一眼得见的脆弱行为。外显性脆弱易于识别,如果你无法关注、回应、澄清孩子的脆弱情绪,也没有让孩子感受到关心、理解和支持,那么你的任何话语、任何行动都会适得其反。脆弱的外显容易让家长"知其然"并仅依靠表象就做出判断,然而治病救人必须"知其所以然",探究脆弱的表现下有着怎样的心理,才是解决问题的关键。

"唯分数论"的成就压力

你是否太过关心孩子的成绩,而忽略或者包办孩子生活中的其他方面?高强度的成就压力会使孩子变得非常脆弱。例如,你关注卷面上每一分的得与失,对成绩追求完美,只要达不到理想目标就给孩子加盖上"失败"的印章。当你太过关心成绩时,就已经为孩子埋下了脆弱的种子,孩子只想通过分数来获得你的爱和接纳。在这种压力的驱使下,一些孩子会主动去追求"完美",而不可避免的差错将引发羞愧感。对此,你要放下对分数的执念,切莫提出过高的要求,对孩子的评价也要尽可能多元化，让孩子更多地体验生活的快乐而不是成绩的快乐，逐步引导孩子走出有碍正常生活的"完美主义"。

"心理掌控"的相处方式

你与孩子的相处方式，是不是偏重于心理暗示而非管理孩子的日常行为？用更流行的话来说，你是不是在用心理暗示的方式来控制孩子？心理掌控不仅剥夺了孩子形成健康自我的契机，也会使孩子的内心越来越脆弱。举例来说，"数学考得这么差，成绩提上来之前不许看电视，要我帮忙吗？"（行为掌控）"你怎能这样对待我？""我都已经为你做了这么多。"（心理掌控）你更倾向于哪种语言表达方式呢？运用行为掌控的父母是"掌握情况"，运用心理掌控的父母是过度强调自己的需求，持续的心理掌控语言会支配孩子的意识，孩子的自尊和独立人格逐渐被消解，直至内心再无任何盔甲能抵挡外界压力，一个小小的失败就容易击碎心灵。因此，当务之急便是多支持，少干预，用行为掌控代替心理掌控，多支持孩子满足探索自我的需求，形成健康的自我意识。父母要避免使用心理掌控的语言，"以事为鉴"方可让孩子反躬自省，练就一颗强大的内心。

无处不在的亲子疏离

你的陪伴方式是"无处不在"还是"处处不在"？恰巧这两种互动模式都映射出无处不在的亲子疏离，孩子很难感受到关心，必然会产生脆弱不安的心理。"好奇怪，我觉得我妈妈好像无处不在，又好像处处不在。"这是孩子的内心独白，两者看似矛盾，背后却隐含着密切的关系——"无处不在"是父母"侵犯"了原本属于孩子的领域；"处处不在"反映了亲子之间缺乏有效的互动与沟通，而高质量的沟通与陪伴能收到"以小博大"的效果。

如何进行高质量的沟通呢？"高要求"与"高回应"的沟通更能培养出心理韧性强的孩子。如果对"高"的分寸加一个界定的话，应该是"忠于事实"。孩子本身的脾气秉性、能力水平、兴趣偏好等就是关于孩子的重要事实。换言之，真正对孩子发展有利的要求应该是忠于事实的要求——一种约束而非控制的要求；真正从孩子的需求出发的回应应该是忠于事实的回应——一种支持而非放任的回应。只有站在孩子身边，以约束他的边界来回应他的需求，探索、塑造孩子独立人格的边界，才会让孩子强大而坚韧。

如何进行高质量的陪伴呢？建立真正意义上的亲子时间，意味着和孩子开展的活动不局限于学业活动，而是更多地围绕亲密的家庭关系展开。比如，一家人共进晚餐，所有家庭成员齐聚在一起，分享彼此的小收获、小挑战和小忧虑；或者以孩子喜爱的方式，感受身为家庭一分子的幸福，拉近亲子间的距离。归根结底，我们要让孩子深信不疑，他不是一个人在努力。这种背后有人支持的安全感是孩子行走世界的倚仗，外面风雨再大，内心的城池都固若金汤。

内心脆弱，表面坚强（内隐性脆弱）

这类孩子在学校的表现不差，在家里也算听话，也许看起来算不得阳光少年，却也没有真正忧郁得让人担心。这些"无伤大雅"的表现使得他们的脆弱不易被发觉。此时，你一定不要被孩子的故作坚强迷惑而疏忽大意，可从"心理韧性"与"思维模式"两个维度入手，为孩子提供更多支持。

培养孩子的"心理韧性"

心理韧性强的孩子反弹力强，不仅能在困境、压力之下恢复最初状态，顽强持久、坚忍不拔，更能在挫折后实现成长和新生。"适度挫折"有助于培养和提高孩子的心理韧性。挫折不是人为给孩子制造困难，更不是打击教育，而是让他们直面生活中的小问题，亲身体验手忙脚乱的窘迫，感受柴米油盐的琐碎，这样才有可能对别人的处境产生同理心。要让孩子懂得，面对挫折应心怀敬畏，许多事情并不是理所当然的，也并非轻而易举的。当他们明白这一点，才能在向家长提出要求时有顾忌、知深浅、能进退。引导孩子将挫折视为课程而非受难，将每一个真实的挫折情境当成解决问题的天然课堂，他们会从中找到成长的途径。

改变消极的思维模式

心理脆弱的孩子有一些突出共性：过度害怕失败，极易逃避挑战，遇事习惯于推卸责任，无法与人为善。在这些共性的背后，除了有家庭教养方式的原因，还与他们自身的消极思维模式相关。心理学家曾归纳出两种思维模式，一种是固定型思维，另一种是成长型思维。思维模式会潜移默化地影响孩子，从如何感受到如何思考，从如何看待当前的困境到如何做出行为反应，无不是内在思维模式的外在投射。而在如何对待挑战、如何看待努力、如何对待他人的评价以及如何对待别人的成功这四个方面，二者的差异尤其明显，而心理脆弱的孩子通常具有固定型思维的所有特征。

因此，培养成长型思维，唤醒孩子内心的力量尤为重要。教会孩子积极面对挑战的前提是你不过度看重成绩，不以短期成败论英雄，不过分要求孩子去完成不可能的目标。孩子愿意持续努力的前提是你看得见他的每一点进步，相信他愿意为了成为更好的自己而付出。孩子能够善待他人评价的前提是，从生命的早期开始，家长就能持续地给予他客观具体的评价，而不用"贴标签""扣帽子"的方式来打击他、贬低他。孩子能正确对待别人成功的前提是，你不拿别人家孩子的成功来刺激他；当孩子意识到别人不是自己的阻碍，而是可以借鉴的榜样，学会用别人的成功之道成就自己，他的成长之路就多了一种内在力量。

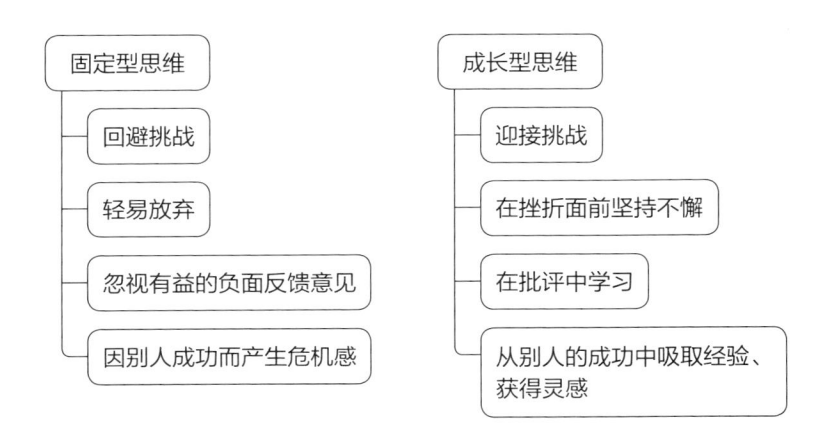

固定型思维
- 回避挑战
- 轻易放弃
- 忽视有益的负面反馈意见
- 因别人成功而产生危机感

成长型思维
- 迎接挑战
- 在挫折面前坚持不懈
- 在批评中学习
- 从别人的成功中吸取经验、获得灵感

两种思维模式对比图

没错，忽视、专制和溺爱的家庭都是"蛋壳心理"的孵化器，消极思维模式的形成，在很大程度上也是特定的家庭互动模式的直接后果。要想帮助孩子提高心理韧性，拥有成长型思维，远离"蛋壳心理"，父母需要先行一步——你的眼光和格局，将是孩子站立的高度；你的勤学和躬行，就是孩子将至的远方。

写给孩子的信

亲爱的豆豆：

　　岁月如梭，不知不觉你已经成为一名初中生了。你以优异的成绩考取了理想的中学，这对爸爸、妈妈来讲，无疑是非常值得骄傲的事情。开学在即，你的学业生涯又将开启新的一页，我懂你的兴奋不已，我亦日日憧憬着你的未来，心潮所致遂致家书一封，叮咛几句。时间可以用文字度量，笔尖浓墨期待着你的成长。

　　姑娘，你喜欢竞争，还必须要赢；你喜欢体验成功，却很难接受失败；你喜欢被赞美，可接受不了反对意见，动辄感到自己遭遇了前所未有的打击，自我、他人、世界在你眼前一次次动摇，一点点塌陷，我能看到你心中翻涌着的、浪潮般的怀疑。我知道，只要有怀疑就有对抗，那是你与自己的对抗，你顶着自我怀疑的"枪林弹雨"退缩不前，可你无法消灭那个"敌人"，因为她就是你啊！宝贝儿，妈妈看到了你的小小脆弱。与其这样自我折磨，何不直面脆弱呢？勇敢地正视自己的情绪，不要羞于表达自己的感受，并尝试接受每一时刻的自己。你可以把困扰自己的问题勇敢地大声说出来，也许爸爸、妈妈不能给你一个完美的答案，但我们可以陪你一起去寻找解决问题的办法。你更要允许自己"犯错误"，即使做那些你非常擅长的事，谁又能保证百分之百的顺利呢？记住，只要在实战之前进行充分的模拟和演练，将各种突发状况都考虑到，并提前预备解决方案就可以了。至于那一点点"我没想到的小错误"正是下一次进步的起点。从这个意义上说，不允许犯错就是拒绝了挫折与逆境的历练，就等于拒绝了自我成长的机会。

姑娘，妈妈知道，与自己的脆弱搏斗并不轻松，我也曾被它打败过。但你知道吗？不管是成年人还是孩子，每个人都有属于自己的小脆弱，这些让人不太舒服的情绪总是难以避免，面对波动时，拼命压制、回避、隐藏自己的情绪，其实是不健康的处理方式。如果在当下的学习与生活中，遇到困难就逃避、受到打击就放弃，何以期待在未来生活的激流中站稳脚跟、稳步向前呢？孩子，就像我们锻炼身体那样，锻炼内心也可以让我们更有力量。经验的积累、智慧的获得、心性的磨炼、自我的超越，这些在自我塑造与蜕变的过程中最为宝贵的成长果实，绝无一样是唾手可得的，无一不是披荆斩棘的礼物、大浪淘沙的结晶。

姑娘，请允许妈妈给你道个歉吧！妈妈和你聊优点，你说你没有优点时,我心一惊,才发现我从没告诉过你,你是多么闪光的女孩。是妈妈以前对你的要求和表达方式错了,曾经我以自己的方式干预你的成长,自认为指出小问题你才能不断进步,那些缺失的鼓励与支持只是怕你骄傲自负。可这何尝不是我的骄傲、独断与自负?是你让妈妈明白"干预"和"支持"是两件截然不同的事,"支持"与你的需求有关,而"干预"代表着我的需求,与你相处时的专制与傲慢,妈妈也会逐步戒掉。往后,妈妈会时刻省察自己,虽然爱你的心毋庸置疑,但我想这是一种缺乏理性的爱,这种爱会与你内心最强大的力量——成长的力量为敌,绊住你的脚步,束缚你的心灵。妈妈想对你说,"妈妈"是这个世界上最复杂的职业:它要求无限的包容、随时的应答、近乎苛刻的细致、完美无私的爱与奉献;更难的是,这是一份没有"岗前培训",无法获取"实习经验"的"全职工作"。我是第一次当妈妈,你也是第一次当女儿,在这份看起来无须学习的亲子关系中,其实我们都在从头积攒经验值。从现在起,我们给彼此多些宽容、理解、尊重、支持,一起直面我们的小脆弱、共同进步,好吗?

  姑娘,爸爸、妈妈能陪你走的路只是你人生中的小小一段,人生的大多数风风雨雨,都只能由你自己去穿越,当你的内心足够强大富足，你才有足够的力量保护自己、保护弱小，才能真正做到不欺人，不自欺，不被欺。《孙子兵法》曾说，"胸有惊雷而面如平湖者，可拜上将军。"我愿你心中从此不再有怀疑的巨浪，而有劈开未来的惊雷。

爱你的妈妈

如何面对孩子的"玻璃心"?

不要蔑视任何人的敏感,每个人的敏感,就是他的天才。

——[法]夏尔·波德莱尔

表现:把"哭泣"和"争吵"当作沟通的方法。

常见指数:★★★★★

影响:拥有"玻璃心"的孩子情绪往往起伏不定、难以捉摸,他们容易悲伤、暴躁,脾气反复无常、话语夹枪带棒。这样的外在表现会影响到他们的人际关系,本来想亲近他们的同伴会默默地远离,进而导致"孤独"成为青春之歌的主旋律。若不加理会任其发展下去,必将把孩子推离正常的社交轨道,甚至会引发心理问题。

"玻璃心"的负面影响十分严重，作为家长的你要理解孩子内心的痛苦与焦虑，那是他们在意识到无力改变自身问题、无法适应周遭环境时特殊的"呐喊"。家长要做的是积极寻找问题产生的关键因素，做到有的放矢，及时帮助孩子脱离困境。那么，明明应该充满热忱的心，是如何被凝固成"玻璃"的呢？

我在角落里，试图用眼泪洗去痛苦（悲观回避型）

这种"玻璃心"（心理学称为"敏感"），是指当孩子感受到外界压力的时候，会表现出沉默和悲伤等消极回避行为，低落的情绪会长时间环绕着他。简单的劝说并没有用，你需要走近他，轻轻叩响坚硬而又脆弱的"玻璃"，倾听那清脆的"回声"。

孩子天生的气质特点各有不同

每个孩子从出生起就伴随着独有的气质，有"玻璃心"的孩子可能属于抑郁质的气质类型。可不要被"抑郁"两个字吓到，实际上，气质并没有好坏之分。尽管"抑郁"两个字常与多疑、孤僻、怯懦和多愁善感等消极词汇一起出现——也许这让你想起以泪洗面的林黛玉——但是抑郁质的人也具备思想敏锐、细心、想象力丰富等优点。所以，不必过分担心，只要你引导得当，"玻璃心"也会有坚韧的一面。你需要注意与孩子交流的语气和态度，不要吝啬沟通的时间，努力让孩子了解你的心意，易怒又不善言谈的你如果害怕控制不好自己的语气，也可以做一位"便利贴家长"，利用可爱的便利贴传达自己的爱意。卡通温馨的图案、亲笔写下的鼓励、简短清晰的表达、随时随地的"纸短情长"，也能慢慢浸润孩子的心灵。

自尊心在作祟

自尊心可以帮助孩子维护自己的人格尊严，但就像人的血压过低或过高都会引起不良反应一样，自尊心过低或过高都可能使孩子变得"玻璃心"。"我的孩子就是腼腆内向。""我家孩子干啥啥不行，吃啥啥不剩。"……如果你的孩子自尊心过低，这种断言评价式的打击就像悬在他头顶的利剑，让孩子时刻处于不安与焦虑之中，最终，他会变得自卑、烦躁，甚至自暴自弃。所以，先停止类似的行为，尝试从小事开始不断地鼓励孩子，同时，可以增加一些小奖励。你也可以带孩子去见识一下新的风景和新的人群，多给孩子一些与人交流的机会，帮孩子找到存在感，从而找回自信。

你可能会问，如果孩子的自尊心过高，该怎么办呢？这类孩子会表现出暴躁型敏感人群的特点。因为在他们的小世界里，自己就是那个"完美无瑕"的人，你对他们的任何否定和质疑都会使他们的小世界轰然倒塌，他们内心的哨兵会想方设法地将你"驱逐"。对此，你应该学会适当地"冷处理"。曾经的"鲜花与掌声"很可能让孩子已经逐渐迷失了自我。请适度表扬，"冷一冷"孩子。

不恰当的教育方式

不恰当的家庭教育方式是孩子出现"玻璃心"的重要因素，典型的错误方式是过分溺爱（心理学称为"溺爱型教养风格"）。这就好比在孩子成长的过程中，一直把他泡在"糖罐子"里，久而久之，小小的刺激与挫折就好像晴天霹雳，"玻璃心"一击即碎。另一种极端的方式则恰恰相反，有的家长认为自己的孩子就像只"泼猴"，不严厉对待就无法成才（心理学称为"专制型教养风格"），这些家长秉承着"棍棒教育"的理念，执行着"打个巴掌"但是从来不给"甜枣"的行动方针，这会让孩子从此失去生活的勇气和信心。

这两种极端方式都不可取。青春期的孩子向往独立自主的生活方式，所以你可以做一个民主型的家长，适度关心孩子，但同时也要适当地给予孩子自由的空间，不要过度保护，也不要过度打击，让孩子在摸索攀爬中经历挫折，收获成长。

"唯分数论"的步步紧逼

过度关注考试的现象仍然存在，人们常将考试比喻成没有硝烟的战场，考试成败往往在孩子心目中被放大为人生的成败，仿佛个人荣辱都系于分数。这给孩子带来了巨大的压力，难以承受本应平常视之的失败。家长和学校都将分数视为孩子人生成败的衡量标准，那面对下降的成绩，孩子该如何去接受"业已失败"的人生呢？成绩固然重要，它可能是孩子走向社会的"敲门砖"，但是哪怕没有了"敲门砖"，依然可以选择用"铁块"砸开那道门。孩子如果拥有了乐观的态度、敏锐的思维、清晰的自我认知等良好的素质，他自会顺利迈入社会的大门。所以，你应该全方位地关心孩子的成长，改变自己对成绩的看法，这样才能在孩子感受到成绩的压力时及时开导孩子；要让孩子先成为一个具备健全人格和情感的人。

我身背"机关枪"，谁也别想靠近我（暴躁反抗型）

情绪难以自控

生活中可能会经常出现类似的场景：当你不断询问孩子"为什么考试掉了几十名？"或者因为不理解而质疑孩子的爱好时，他们就像是被侵犯了领地的炸毛猫咪，用歇斯底里的怒吼反击你。敏感的孩子时常控制不好自己的情绪，比较容易暴怒。如果出现类似情况，不要试图与他们来一场"世纪决斗"，深呼吸平复自己的情绪，先暂时离开"战场"，耐心等待孩子的情绪平复下来。你要仔细思考引起孩子情绪崩溃的触发点，思考一下自己的过错：是不是过分关注他们的小世界了？是不是平时过分溺爱或过分忽视孩子了？无论是哪一类，都请停一停，缓一缓。

消极信息泛滥

身处网络时代，我们时时刻刻被各种信息所侵蚀——打开短视频软件，是否某个视频的标题或者评论让你怒火中烧？无处发泄的怒火会不会影响你的生活呢？也许你的孩子正在经历同样的事情，甚至，他们的想法会被一些极端言论影响，使他们对现实产生了偏激、敏感的认知。但是，就此将孩子与网络世界隔绝并不现实。你可以倾听和理解孩子因消极信息所带来的负面想法，你要帮助孩子识别认知上的误区，比如哪些言论是片面的、博眼球赚流量的、歪曲历史与现实的，等等。值得格外注意的是，这个过程中，你的出发点应该是帮助和引导孩子，而不是控制或者命令孩子。

因为生理与心理变化的不同步，青春期的孩子会变得尤为敏感。拥有"玻璃心"的孩子就像一只被吹到极限的气球，轻轻一碰就会爆炸。要想解决敏感这个问题，单单靠你一个人的力量是行不通的，你要明白，出现在孩子身边的所有人都有可能成为你的"战友"。比如，你可以通过孩子的小伙伴了解他在学校的日常生活，通过老师了解孩子的学习状态。记住，千万不要孤军奋战，团结孩子身边的一切力量才是最佳战术；成长之路虽然属于孩子，但成长环境却是孩子身边的人共同建造的。

写给孩子的信

亲爱的彤彤：

恭喜你！中考已经顺利结束，你终于可以在一个暑假里尽情地释放自己了。在初三这一年中，你每天要学习到很晚才肯睡下。每天早上叫你起床，看到你疲惫的模样，我真的很心疼。我知道，你有自己的想法和目标，但是每每看见你要走弯路，重复我当初的挫折时，我就忍不住想要插手你的"自由"。好像从一年前开始，我们之间就不断地争吵、冷战，我也无数次地问自己：母女为何要变成冤家？我理解你的压力，可是宝贝儿，你未来的路上还有很多荆棘，如果你没有办法改变心态，我该如何放心你一个人去闯荡"江湖"呢？

彤彤，你有没有因为敏感脆弱而感到筋疲力尽？敏感就像阻碍你接触世界的一层电网，你蜷缩在小小的空间里彷徨不安，想伸出手碰触外面的世界，却会被电得缩回手来。我心疼你，看着你因为成绩的下降而崩溃大哭，看着你因为我的一句也许并不恰当的关心而歇斯底里……每当这时，我就好想抱抱你。妈妈想对你说，你以为那"电网"在保护你，其实它只会让网内外的我们伤痕累累、身心俱疲。我害怕有一天，你会因为这张小小的电网，失去亲近的人，甚至迷失自己。

我知道，走出这一步很难，但是如果你能摆脱"敏感"这个黑洞，你会发现这个世界没有你想的那样充满恶意。任何一个角落都有可能藏着新奇与美好，都有等待你去探索的宝藏。自己的目标不容易达到，心里的另一个"我"多疑、矛盾，阻碍着你一往无前的脚步。也许，你可以试着与自己握手和解，让勇气住进你的心灵。我多么希望你能勇敢坚强地做你喜欢的事情，成为你想象的样子啊。但我也能感受到，你的手有时想从我的手掌中抽离，我不敢更加用力，因为我不知道那是不是只会把你推得更远。

可能是学校的学习氛围比较紧张，也可能是我无形中给了你很多压力，你总是不断地逼迫自己。适当地停一下吧，让你的大脑和身体都得到充分的休息。将自己处于一种轻松的环境氛围里，不要将万事视为委屈，也不要把别人的心绪化为自己的难过。如果你觉得思绪混乱了，也可以尝试一下最近很流行的冥想，听着音乐，清空大脑。

接下来的暑期，我们可以一起爬山，学你一直心心念念的游泳。仁者乐山，智者乐水，在开阔的心胸和通达的智慧中，你会更懂生活。其实，孩子呀，敏感并不是弱点，我只是不希望你因为敏感而陷入消极的情绪里。你熟读唐诗宋词，知晓那么多古今中外的文学典故，你必然明白，敏感是一种独特的能力，那是世界顶级文豪才拥有的"超能力"。更强的感知力、更深厚的理解力、更透彻的共情与更细致的观察，共同铸就了一部部传世名作，因为在那背后，是一双双高于常人的体察之眼和一颗颗追寻永恒的敏感之心。敏感从不是坏事，但敏感之人要有更广阔的格局，才配得上敏感之心带来的体悟。不要躲在自己的小世界里伤春悲秋，放眼世界、对话古今，中国哲学所言"知行合一"，诚不我欺。

你即将迎来高中生活，那将是一个全新的挑战。别有压力，我们可以在这个没有作业的暑期里做好准备。对于妈妈曾经的错误举动，我很抱歉，那也同样是一种迷茫和疑惑，一种对未来的不确定性的焦虑。但是你放心，在你需要我的时候，我依旧会坚定地站在你的身后给予你力量。有人说，敏感的人都是"玻璃心"，一碰就碎、不堪大用。但被风雨洗涤、擦拭过的玻璃，会把经历的风雨折射出不亚于水晶的光芒。那光在天上是彩虹，是你心里澄澈的未来，是我因你而生的自豪。在这独特的光芒之中，你对世界说"我就是我"，而我会回答："我爱你，因为你就是你！"

爱你的妈妈

怎么治愈孩子的"红眼病"?

嫉妒者比任何不幸的人更为痛苦,因为别人的幸福和他自己的不幸,都将使他痛苦万分。

——[法]巴尔扎克

表现:热衷比较,争强好胜,见不得别人好。

常见指数:★★★★★

影响:嫉妒情绪常被称为"红眼病",它往往发生在"看见"别人的成就时,并伴随着自卑、敌意和怨恨等混合情绪。嫉妒既伤人又害己,其直接后果常常使孩子陷于痛苦的情绪中,破坏其人际关系,更为严重的则会衍变为病态心理。

面对"红眼病",既不能坐视不管,任其发展;也不宜谈"妒"色变,不知所措;更不能火上浇油,任其恣意妄为;而是要先探其因,而后得其法。

我应该得到的东西,但没有得到,我嫉妒!(情境嫉妒)

"情境嫉妒"是指在特定情境下,嫉妒会发生在任何孩子身上。通常在相似度高,孩子又非常在意的方面,嫉妒情绪更容易发生。同时,当孩子认为原本水平相当的同学比自己更优秀时,也容易秒变"柠檬精"。值得注意的是,嫉妒是一种正常的心理反应,因此当孩子有嫉妒情绪时,你一定不要用"不道德"编制一个筐,把嫉妒扔进"不道德"的筐里,回避、拒绝了解它。相反,你应该坦然地把它拿出来分析原因,因为在嫉妒的情绪里,通常会藏着孩子的进阶密码。

一种自我防御机制

当孩子在"失败的社会比较结果"(自己比别人差)与"个体本身对自己的积极评价"之间发生认知冲突时,为了解决这个冲突,嫉妒便成为用以平衡自我认知矛盾的一种防御策略。比如,有的孩子一直认为自己比好朋友的成绩更优秀,近半年来的考试结果却都比对方差,对比之下有了落差感,嫉妒心就容易产生。从这种意义上说,每种情绪都要有一个出口,而嫉妒就是孩子平衡主观感受的一个出口，是抵御"外界病菌"入侵心灵的心理策略。如果是这样的情况，你要引导孩子把这种"心灵防御机制"外扩成保护自己和他人的方式。首先，要从承认嫉妒开始，让孩子把嫉妒情绪表达出来，适当的嫉妒情绪所引发的焦虑，能够有效增加孩子的行动力。其次，引导孩子关注自己的进步。把孩子的注意力从比较中拉回自己的身上，专注自己一点一滴的进步。最后，尝试赞美。每当嫉妒心萌发时，我们不妨引导孩子化嫉妒为欣赏，把酸溜溜的抱怨变为真诚的赞美。

瞬间爆发出来的自卑感

有些孩子会突发性地表现出"见不得别人好"的负面情绪，这很可能是在比较情境中瞬间爆发出来的自卑感在作祟。比如，当家长随意表现出欣赏孩子的同学或朋友时，哪怕是一句无心的夸赞，孩子也会说"这算什么！"其实，这种醋意似的感觉，很明显是嫉妒了。又比如，孩子看到别人拥有的东西比自己的更好时，瞬间爆发出自卑感，从而闷闷不乐。这些都在说明：当孩子看到其他人比自己强时，会产生一种不安、焦虑、烦恼的感觉，这都是来自孩子心底的"自卑"的声音。作为家长，我们需要安抚那种瞬间爆发出来的自卑感，可以试试下面这些做法：

一、澄清事实。我们需要先引导孩子承认，在某一方面，自己的确比不上他人的事实，并让孩子理解这一点。这一过程可能会比较漫长，因为承认自己不如他人，是一件比较困难的事情。

二、引导孩子逆向比较。我们需要提醒孩子，虽然别的同学有着某些独一无二的闪光点，但是我们也拥有别人没有的优点。采用逆向比较，选择别人的短处作为比较对象，对消除孩子的自卑心理，达到心理平衡有一定的效果。

三、从孩子的长远发展来看，家长应着眼于培养孩子开阔的心胸和正确的价值观。见多识广才能培养开阔的心胸，带孩子多走走，多见不同的人、了解不同的事，见过丰富多彩的世界后，孩子就不会再把自己框在小小的内心世界里了，这将有助于培养孩子的自信心，帮助他们成长为不轻易被情绪主宰的人。

"比较"的话语体系诱发嫉妒心理

也许每个孩子都会感慨，是不是家长们的嘴里总是有个"别人家的孩子"？"我的孩子相比别人家的孩子总是不够好。""邻居家的孩子考满分了！你的同龄人正在将你甩在身后！"父母的一言一行，对孩子都有着莫大的影响。我们随口讲的一句话，很有可能成为孩子心里的枷锁。你越比较，孩子越容易嫉妒。如果是这样的情况，建议你放下"比较"的心态，向孩子强调，成功的定义是通过不断努力取得一点一滴的个人进步，而不是与他人的成就进行比较。请鼓励孩子与自己比较，别让"别人家的孩子"毁了自己的孩子。

我没有得到的东西，就要毁掉，别人休想得到！（特质嫉妒）

"不公平"的失控感

当孩子对自己拥有的一切感到不满，而且周围的人都比自己的条件优越时，孩子会格外觉得自己没有办法像对方那么"好"，随之产生一种"不公平"的失控感。越低的控制感越容易带来嫉妒。比如，"他能力不如我，没有我努力，凭什么取得了本该属于我的东西？"正是因为孩子无法完全掌控自己的生活，没有足够的能力去实现目标，才让嫉妒蔓延开来。建议家长指导孩子学会正确地"补偿自己"。"补偿自己"可分为以勤补拙和扬长避短，要引导孩子正确评价自己和他人。青春期的孩子对自己的评价是以成人对他的评价为标准的。所以，家长对孩子的正确评价显得尤为重要，不能因疼爱和喜欢，就随意拔高对孩子的品德、能力的评价，过分赞赏会让孩子对自己产生不正确的印象。与此同时，你还要适当指出孩子的优点和缺点，使他明白人人都有长处和短处，人与人之间要互相学习，取长补短。

不可忽视"嫉羡"产生的心理机制

对于同样的事件，有的孩子更容易产生嫉妒之心，这通常与孩子的气质类型有关系。面对引起嫉妒之心的刺激事件，孩子会产生三个层面的反应。

首先是情绪反应。在这一层次中，有的孩子会有压力性情绪体验，如压力倍增，心里不舒服；有的孩子会有过敏性情绪反应，比如嫉妒情绪特别强烈、痛苦，这种情绪体验是在潜意识层面的，是自动产生且无法控制的（有的孩子没有消极情绪体验，也就是不会产生嫉妒情绪）。仅有过敏性情绪反应的孩子才可能进入第二层次，即思维反应层次。若有些孩子有非常坚定的积极认知的制约，痛苦的嫉妒情绪在积极认知的制约下，会慢慢缓解，这就是一种嫉妒体验，只是自己比较痛苦，不会有其他嫉妒的言行。若有些孩子没有那么积极的认知，就会被消极情绪引导到错误认知上，出现扭曲和偏见，消极情绪引导错误认知进入行为反应层面，从而产生嫉羡行为，做出一些冲动且伤害对方的举动。比如，有些孩子一旦产生了嫉羡心理，就会做一些"落井下石""背后伤人"的事情或是通过一些"小伎俩"给他人制造麻烦。

因此，你一定要洞察孩子的嫉妒情绪是在哪个层次，越早干预与引导，越能够让嫉妒的情绪停留在正常心理层面。接着，针对嫉妒行为采取措施。让孩子品尝嫉妒行为带来的后果，复盘整个过程中孩子的感受，并全部记录下来，目的是让孩子学会归因。若想拔掉嫉妒行为这根"刺"，找到控制嫉妒思维的方法，并教会孩子提升能力更为重要。请记住：嫉羡是一种消极情绪，孩子决定以什么方式宣泄这种情绪，它就会变成什么样。

你看，嫉妒不是洪水猛兽，它只是一种情绪，需要正确的认识、引导和排遣。人的一生，我们总要学会如何跟嫉妒打交道。你要看穿它，才能不恐惧；你要借力于它，才能帮助孩子提升与进益；你要放下它，才能不为他人所累，回归本真的幸福。

写给孩子的信

亲爱的糖豆儿：

今天睡前，你用略带无意的口吻问我："妈妈，你会嫉妒你的好朋友吗？"一时间，我竟有些迟疑，于是随口回答说："不会呀。"你分明还想继续说点什么，听到这样的回应，也就随即悻悻地走开了。这会儿，夜深人静了，你睡了，妈妈选择用写点什么的方式和你好好聊聊"嫉妒"这件小事儿，以期慰藉你没表达出的忐忑小心情。

当你提到这个问题时，我就知道"嫉妒"的小情绪已经爬上你的心头了，曾经的你表达嫉妒的方式很直接，现在却表达得很隐晦，这是不是说明你长大了呢？在我们的生活中，总有一些时候，会冒出一个念头：我希望她好，但不希望她太好。这种想法让你羞愧，让你陷入自我抨击，认为自己变得"不像个善良的人了"。我知道在你的理解中，嫉妒往往跟恶意挂钩，其实嫉妒不同于羡慕也有别于憎恨，嫉妒常常表达为拒不接纳别人的成绩，或者从某种意义上讲，嫉妒也是对别人的一种变相肯定。产生嫉妒，不是你的错，也不是嫉妒的错，你只是还没有学会如何与嫉妒相处。

了解嫉妒的第一课叫作"请正确认识嫉妒"。嫉妒只是一种常态化的情绪，你可以自行决定它的正负、好坏。"负面支配"自然不必多说，说明嫉妒在支配你，你不小心钻进了"唯我能赢"的死胡同里。明智的选择是正向化解，你要学会从嫉妒中汲取养分。认识嫉妒的第二课叫作"成全嫉妒"。在嫉妒的情绪里，藏着你的进阶密码，你要善于利用嫉妒对自己进行查漏补缺、自我升级。《道德经》有言："胜人者有力，自胜者强。"在你没有意识到的时候，嫉妒早已悄悄揭示了我们不愿面对的不足之处。如果能将嫉妒转化为行动，奋力拼搏，缩小与别人的差距，你终会夙愿得偿，成为"自胜者"。那时，你会惊觉原先的嫉妒已然销声匿迹。那不是它悄悄走了，而是已经变成了足以让你自豪的动力。找到问题、解决问题，是每个人成长的重要途径，而嫉妒为我们找到了这个进阶模板。认识嫉妒的第三课叫作"放下嫉妒"。从放下比较，到放下嫉妒。卢梭在《爱弥儿》中写道：我们之所以产生嫉妒的心理，是由于社会的欲望，而不是由于原始的本能。我们的嫉妒，多数源于比较的痛苦，这就形成了一个悖论：你看似越来越好了，却也越来越体会不到幸福感了。所以，姑娘，不要让自己陷入嫉妒情绪之中，不要让自己反复品尝比较的痛苦。请记住：你追赶的速度永远比不上新的嫉妒对象产生的速度。懂得适时放下嫉妒也是一种明智的选择。

姑娘，你还记得自己最初的目标吗？你还记得每次取得微小进步就能充盈内心的成就感吗？是时候停下脚步反思自省了，是时候在嫉妒之海中稳住自己摇摇欲坠的本心了。多听听自己的声音，而不是外界的嘈嘈切切；多看看自己的世界，哪怕不如外面花红柳绿；多做做自己喜欢的事情，而不是随波逐流，在比较和嫉妒的风口浪尖上颠簸。我们将放在别人身上的目光，聚焦到自己身上时，就是我们放下嫉妒的时候。放下嫉妒，不是自我放逐，而是一种阅尽千帆、回归本我的豁达。

最后的最后，妈妈还想告诉你，在某一天，当你不把别人的评价标准奉为圭臬时，当你知道自己该成为怎样的人时，也请记得谢谢嫉妒，那是它成为"自信"前的样子。

爱你！

妈妈

孩子爱发脾气怎么办？

> 你要控制自己的情绪，否则你的情绪便控制了你。
>
> ——[法]大仲马

表现：一言不合就摔东西，大喊大叫，激动的时候会对身边的人拳打脚踢。

常见指数：★★★★★

影响：孩子的情绪就像是流动的水，源头就是他的内心。如果在水前设置了障碍，水要么绕过障碍，改变流动方向；要么回流到源头，侵蚀内心。就像水遇到障碍会改变流向，"发脾气"是孩子遇到情绪问题时的一种表达方式。爱发脾气的孩子常"大喊大叫"或是"拳打脚踢"，这类行为的显性后果是伤害他人，隐性后果则是坏情绪侵蚀自身，从对外攻击转向"自我攻击"，形成固执的个性，最终影响身心健康和人际关系。

面对孩子的坏脾气，找到发脾气的原因，才能在孩子"认识情绪""表达情绪"再到"管理情绪"的路上，提供有效的办法，避免陷入"治标不治本"的误区。

对外：发脾气是为了达到我的目的（工具性发脾气）

工具性发脾气是孩子为了达到某种目的而采取的一种激烈的表达情绪的方式，每种情绪都暗含着一定的功能。面对这种情况，作为家长的你千万不要走极端。如果你选择"以暴制暴"，通过责打或大声呵斥来制止孩子，或是一味妥协，只要孩子大喊大叫你就立刻退让，最后都会让孩子的行为变本加厉。最好的做法是关注孩子情绪背后是在表达什么，只有认清火源才能高效"灭火"。

把发脾气作为要挟父母的一种方式

是不是家长平时对孩子的不合理行为过于纵容，经常没有底线地妥协或是"以暴制暴"，导致孩子认为发脾气是一种行之有效的"要挟方式"？比如，见到喜欢的东西就想买回家，需求一旦不被满足就大发脾气。对于家长来说，孩子发脾气是一种威胁，家长很容易在这个过程中陷入恶性循环，而家长的应对方式决定着孩子发脾气的行为是否会再次升级。如果是这样的情况，建议你采取如下策略：

一、"让子弹飞一会儿。"在保证孩子自身安全和不伤害他人的情况下，可以让他先"折腾"一会儿。要让孩子将脾气发泄出来，不要试图通过其他方式转移注意力或是阻止孩子发脾气，本质上，转移注意力或是进行阻止其实是把孩子的情绪否定了。

二、温和而坚定地守住底线。"守住底线"是说你可以陪伴孩子发脾气的整个过程，但就是不能轻易妥协。

三、避免"以暴制暴"。如果你经常以呵斥（威胁）或打骂（控制）的方式来回应孩子，很可能助长孩子的脾气，"我发脾气我挨打，大不了再打一顿"，孩子一旦形成这种自我放弃的心态，情况只会变得更糟糕。

四、和孩子一起复盘。当孩子的心情平复之后，等待教育的时机，和孩子回顾为什么会发脾气以及如何正确地表达情绪。通过这种练习，逐渐让孩子学会，情绪可以"表达"而不是"发泄"，表达需要正确的方式方法。

期待自己"被看见"

有些孩子看似无缘无故大发脾气，其实只不过是想通过这种方式让父母关注自己，孩子长时间不被"看见"，内心会积压很多负面情绪，就会经常毫无缘由地发脾气。有位妈妈分享过这样一个故事：有天下班回家，发现读二年级的女儿躲在房间里闷闷不乐,喊她也不作声。身心疲惫的妈妈忍不住吼了孩子几句:"你又在耍性子是不是!"结果女儿开始不停地哭闹、发脾气。时隔很久,妈妈才明白:那天放学回家,孩子听邻居说,妈妈更喜欢她的弟弟。原来,孩子仅仅是想用发脾气的方式试探妈妈的反应,以此来确认自己在父母心里的地位。对此,家长要善于觉察情绪。

首先,觉察孩子的情绪,捕捉孩子释放的情绪信号。当孩子发脾气时,"接住"孩子的情绪很重要,看见并对孩子的心情感同身受,当孩子感受到自己的情绪是被允许、被接纳的,怒气自然就减少了一半。若愤怒已成为孩子的习惯,那么仅有理解还不够,还要引导孩子一步步把情绪释放出来。理解和引导的前提是你要让孩子知道,即使发脾气,你仍然一如既往地爱他,你可以在情绪的暴风雨结束后,给他一个大大的拥抱。用爱来引导一切,胜过任何方式的镇压和说教。

其次,觉察自己的情绪。面对孩子发脾气,你要"跳出来",看见自己的情绪——愤怒、平静、忽视还是压制?只有转换成观众视角,才能察觉当下的自己正处在哪一种情绪状态。无论你是否曾用愤怒回应孩子的情绪,从现在起,一定要调整好自己的心态,尝试让自己暂停,暂停可不是电脑上的空格键,说按就能按,这需要刻意练习。面对孩子的行为,让自己先冷静下来，感觉自己要爆发的时候，默念："孩子越生气，越需要我的帮助，这是他发出的求救信号。""愤怒的情绪总会结束的，孩子不会一直这样，我需要耐心等待，不能以伤人的暴力回应他。"

对内：发脾气是缺乏某种能力的表现（气质型发脾气）

无法忍受挫败感

如果孩子总是大发脾气，这在一定程度上和无法忍受挫败感有关。比如，花了很多时间依然学不会某件事、和同学的比赛输了。当孩子无法应对眼前的挫折时，挫败感会油然而生，再加上找不到发脾气之外的有效表达，孩子会因接受不了现状而大发脾气。如果是此类情况，建议你帮助孩子提升"心理免疫力"。发脾气是一种宣泄，孩子的行为问题是在向家长发出信号："我需要获得相应的能力，现在我还做不好，我需要帮助。"家长要帮助孩子正视失败和挫折，帮助孩子寻找解决问题的方法，帮助孩子培养应对挫折的能力。比如，我们可以教孩子学会求助，还可以教孩子换个想法看待让他发脾气的事件，因为让孩子难以控制自己的情绪的，不是事件本身，而是他对这件事的看法与解释。

缺乏情绪管理能力

孩子暂未形成"开放式大脑"，缺乏相应的情绪管理能力。

心理学家曾摸索出开放式大脑的首要特质——平衡力，也就是掌握情绪和行为的能力。为了更好地理解情绪的平衡力，心理学家提出"三色区模型"，也就是孩子在某一时刻会经历的三种神经系统的状态。这个模型有三个区，绿色区代表平和，红色区代表失控，蓝色区代表自我封闭。

孩子为什么会进入不同的区呢？需要明确的是，大多数时候，孩子因为某件事，在某一时刻进入哪个区并不是自主选择的结果。神经系统会自动决定哪种反应最适合目前的情境，这里主要涉及两个神经系统分支：交感神经系统和副交感神经系统。交感神经系统像油门儿，它容易让孩子激动，要是孩子的"油门儿"踩到底，他就进入了红色区，有可能大喊大叫、骂人、摔东西。副交感神经系统像刹车，它容易让我们变得麻木，当孩子的"刹车"踩到底，他就会进入蓝色区，就可能会沉默或自我封闭。这两个分支达到平衡，孩子才能进入绿色区，此时，"油门儿"和"刹车"交互作用，哪怕遇见不开心的事也能比较好地控制自己，让自己恢复平静。如果孩子因为某件事导致情绪进入了红色区，我们该做些什么呢？

首先，制订短期目标。当孩子发脾气时，帮他们回到绿色区。建议家长和孩子一起练习"十二秒定律"。充满破坏力的愤怒情绪在最开始有一个十二秒的关键期，如果控制住这十二秒，情绪火山可能就不会爆发了。你可以建议孩子在心中默默数数，从一数到十，还可以按照一定规律数，比如一、三、五、七、九。

其次，制订长期目标：帮孩子扩展他们的绿色区。家长应该时刻记住，行为即沟通，我们要做的是培养情绪管理能力，而不是消除行为，这样才能帮助孩子产生具有复原力的神经连接。因此，在孩子情绪回到绿色区域后，可以根据孩子的性格特点选择如何跟进，是推一把，给予孩子一些行为的鞭策；或是拉一把，给陷入困难情境的孩子一定的行为支持。

其实，每个孩子的内心都有一座情绪冰山。很多时候，我们所看到的无理取闹、乱发脾气，都只是浮在水面上的冰山一角。孩子真正的情绪，比如担心、紧张、恐惧、无助、渴望……都藏在水面之下，藏在浩瀚的情绪之海深处。忽略孩子内心的声音，盲目地阻止孩子发脾气，孩子的情绪就会被埋在冰山之下，积压成疾。所以，孩子发脾气，其实是情感的表达。你要善于直面孩子的情绪，倾听孩子内心的声音，陪孩子一起捕捉、接纳并解决它，这才是科学地给孩子赋能的过程。

写给孩子的信

亲爱的豆儿：

　　光阴似箭，日月如梭，襁褓中咿呀学语，庭院里蹒跚学步，都已是很久以前的事了。不知不觉你已长大，妈妈很欣慰，看到你逐渐懂事，却又觉得你依然保留着些许童年的样子。让我体会最深的是，虽然豆儿大多数时候能和我们侃侃而谈，条理清晰，但也会有不定时的"小爆发"。今天写信，就是想和你聊聊"情绪控制"。

　　这个话题，妈妈储备了十年。其实，我的"情绪"分两段：未遇见你时和遇见你以后。你治好了妈妈的"坏脾气"，而后赐我力量，带给我好运。曾几何时，我并不担心你的情绪管理问题，我总认为那是未来我们要充分讨论交流的事情，但近期你的情绪小火山会时不时地喷发一下，直觉告诉妈妈讨论的时间到了，也许这样的分享未必有效，但我希望它至少可以给予你安慰。

　　情绪，是我们在面临外在考验时产生的第一个本能反应，情绪本身并无好坏之分，但对情绪的后期处理则有明显的优劣之分。所以，妈妈首先言明，我不认为发脾气是一件坏事。但对于情绪的认知和管理，将会影响我们的生活质量。当我们因为急或慢而影响对外界的认知甚至引起情绪失控的时候，就难免会收获一场失败的情绪反馈，这也意味着我们在接下来的行为表现中有可能会被失控的情绪所左右，从而造成原本可能不会发生的恶性后果。我想起曾经看过的英国哲学家罗素的一篇散文《如何避免愚蠢的见识》，他是这么说的："如果你一听到一种与你相左的意见就发怒，这就表明，你已经下意识地感觉到你那种看法没有充分理由。"的确是这样，我们常常选择用愤怒来掩饰自己已经意识到的自身的问题。

怎样才能控制情绪，改掉易怒的脾气？方法就是复盘与换位思考。你可以通过反思与记录来复盘整个事件，你可以静静地独处十来分钟，反思刚才的言行是否属于"冲动上头"，这样有助于看清问题所在。你也可以动笔记录，就像此刻我在做的一样，记录下自己的感受。书写是推演自己的思维逻辑和梳理信息的过程，多年来，我渐渐发现"写"和"想"确实有很大不同，不管是用纸笔还是用电脑，每当我开始写的时候，自己就会变得很冷静，思路也逐渐清晰。如果你实在愤怒，不如给妈妈写信吧。把所有的不满与愤怒用你认为最能宣泄情绪的文字倾倒出来。也许写完后你会发现，这封信有没有给我，已经不重要了，它已经完成了自己的使命。正视自己的情绪，体验自己的情绪，才有可能情绪反刍。控制情绪的进阶能力则是换位思考。当你把自己抽离出来，成为这场情绪的"局外人"时，凭你的聪明，一定能看出其中的曲折是非，能看出哪些言语是不必要的，甚至是起反作用的。当你明白这一点，你不但更懂得自己，也更理解别人了。

亲爱的女儿，在漫漫人生的成长道路上，愿你和情绪互相保护。生活中的大小难题、人生的变故际遇都在所难免，复杂的情绪会不断冲击你的心灵。请你一定保持对自我情绪的思考与把控，正面处理成长过程中的情绪困境，从而张弛有度、有的放矢地拥抱自由人生。注重对自身情绪的管理，是人类与世界的第一次和解。情绪，是心灵的动静变幻，正如太极图中的阴阳相生，不断交替的情绪构成了人类独有的情感世界。成长，就是不断学习如何成为情绪的主人，如何对自己的情绪负责。对情绪付诸的全部认知与努力，终将构成属于你的人生高度。

            爱你的妈妈

怎么让孩子"信心百倍"?

苔花如米小,也学牡丹开。

——[清]袁枚《苔》

表现:经常说"我不行",又过分在意输赢。

常见指数:★★★★★

影响:不自信犹如一座大山,压在孩子瘦弱的脊背上。最初,孩子偶然因为某件事产生自卑感;渐渐地,这种感觉开始泛化,面对类似情况也会"抬不起头",从而产生了自卑情结;最后,孩子会发展成对大多数事物产生畏惧感,不敢迎接挑战,不能与人交往。这座大山会越来越沉重,直到压得孩子无法喘息、挺不起胸膛。

弗洛伊德曾说："童年时期的自卑，通常会伴随一生。"与自卑对视，方能战胜自卑。

自卑像一把隐形的刀，在我的身上一点一点地划出伤口（消极心态）

自卑是一种消极心态，产生于感受自己的缺点和无能的过程中。孩子为什么会产生自卑心理，又该如何应对呢？

颜值即正义？

孩子是不是经常抱怨："脸上长痘痘了，好丑呀。""我好矮，总是站在队伍前面。""我好胖呀，同学们都拿我开玩笑。"孩子过分在意外貌，很容易产生自卑心理。家长可以在孩子建立"三观"的关键时期告诉他们"美"的标准是什么，以此提升孩子对美的理解。

美分为三层，第一层为外在美，通过外在修饰，能够变得漂亮精致；第二层为天然美，通过早睡早起，健康饮食，坚持运动得到由内而外的健康美；第三层为内在美，也就是知识与智慧，通过不断学习提升才能获得，是一种善良、积极的美，是伴随一生的品质与才华。

内在是外在的镜子，可以折射出与众不同的美，内外兼修，方能愈久弥坚。

永远的假想敌

不管自己多优秀,他似乎总能找到一个比较对象来证明"我还不行"。比如,被夸学习好时,孩子会说:我没有班里的小明厉害,小明永远是班里的第一;被夸写字漂亮时,孩子会说:我没有小丽写得好,我的字不值得夸奖。在这场比较大赛中,如果孩子大获全胜,他会有短暂的满足,接着继续寻找下一个比较对象;如果对方更厉害,孩子将听之任之、郁郁寡欢(心理学上称为"习得性无助")。无论输与赢,最终的结果都是一败涂地。面对这类孩子,你需要与他们达成几点共识。第一,敌人并非"他"而是"我"。与"他"比较,只是短暂地赢得一个小目标;与自己比较,是持之以恒的终身较量。要在自己的每一次进步中建立自信。第二,家长停止对孩子的比较。就让"别人家的孩子"生活在"别人家"吧!孩子是独立的花朵,无须比较,自有芬芳。第三,对孩子多加认可。请你看看孩子的内心,倾听孩子真实的心声,与孩子开展平等的对话。与此同时,请多给孩子一些鼓励和认可,让孩子在温暖和爱中茁壮成长。

父母的悲观心理

试想这样一个场景:孩子骑自行车摔倒了,变得垂头丧气或者抱怨车子不好骑。家长有两种反应:"你怎么这么不小心,骑了这么久还摔倒啊！""你的运动细胞真的不行，笨手笨脚的。怎么能让我放心呢？"或者是"摔倒了没事，至少下次知道怎么避免了。""没事，爸爸小时候骑车经常摔跤，好几次都摔到沟里了，但我坚持下来，都学会骑山地车了。"如果你是孩子，希望得到哪种回应呢？

一味地责备和抱怨会让孩子习得悲观，导致孩子慢慢地失去兴趣，常常徘徊、抱怨和逃避。有三种方法能够减少悲观对孩子的影响。方法一是让负面的声音"闭嘴"，用积极陈述代替负面想法，例如将"我不能"改为"我将会"。方法二是进行自我肯定，告诉自己"我可以做到！我可以做得更好！"不断增强乐观的能量。方法三是培养感恩的心，认识和欣赏生活中美好的事物，做一份"感恩清单"，即使是很细微的事情也可以记录，坚持不懈地丰富这份清单。

不敢想我在别人心中有多重要，却"尽心"对待别人（假装热情）

有一类孩子，表面上表现得很热情，总是帮助同学、朋友做一些事情，实际上这种热情却是"假的"。这种假来自害怕，怕自己不积极表现，就会失去别人的关注和关心。这种"假自信"需要我们深挖其根、探其类，才能恰当纠正。

爱的匮乏

自卑的本质是爱的匮乏。一个没有被爱过的人，是很难爱自己的。你可能不是说一不二的父母，你可能不是把孩子当"出气筒"的父母，但请反思一下，你是否善于向孩子表达爱呢？不知不觉中，孩子长大了，不仅仅是长高、长壮了，还拥有了更为丰富的内心世界。对此，你却知之甚少，或者视而不见，以至于一次次错失可以表达爱意的机会。表达爱的方式有很多，你可以从相对简单的方式开始——每天抽出半小时，和孩子交流生活，与孩子玩游戏等。接下来，搭建沟通桥梁，重在听孩子说什么，请不要盲目地给建议、做批评。最后，学会用放大镜去看孩子的优点，用平常心来看孩子的缺点。

父母将自卑投射给孩子

每个人都有自己很在意，但始终不够满意的地方。有很多父母会将自己无法实现的希望寄托在孩子身上。如不善言辞的父母，更在意孩子的表达能力。我们可以寄托希望，但切记不要将之变成控制孩子的理由。在日常交流中，如果你总是有意无意地提起你的自卑情结，任由它变成一个个石子，不停地投向孩子心中的静湖，激荡起一圈圈涟漪，久而久之，很可能会产生两种结果：孩子胆小懦弱，不敢和同学一起玩，甚至连同学间的基本交流都望而却步；孩子过度自信甚至自负，主动和别人比较并伴有嘲笑他人的情况，别人不认同时，孩子会变得冲动易怒。家长要认识到自己的自卑情结，并尝试修正它，不要让这种情结发生代际传递。此外，可让孩子做一些力所能及的事以培养信心（心理学上称为自我效能感），孩子看到自己的闪光点，慢慢就会变得光芒四射。

这里提供两个小技巧。一是就事论事，当事情没有做好时，将"人"和"事"分开，思考问题出在哪里，是否有更好的处理方法，而不应沉浸在负面情绪中，否定孩子的能力。二是化自卑为动力，心理学家阿德勒认为，每个人都有不同程度的自卑感，因为我们都想让自己更优秀，过上更好的生活。所以，人生就是一个主动抵御自卑的过程，可怕的不是自卑，而是无法应对自卑。应对自卑最重要的是无条件地接纳自己，缺点和优点都是我们的一部分。面对自己、面对孩子的时候，多想一想我们在多大程度上发挥了优势，而不仅仅考虑克服了多少不足。

写给孩子的信

欣欣：

　　看着你熟睡的脸，我不忍打扰，心中却思绪万千：想起刚出生时的你，脸蛋儿粉嘟嘟的，是上天赐给我最好的礼物；望着你蹒跚学步，那摇摇摆摆的样子着实可爱。我还记得你像个小蜗牛似的背起大大的书包上小学的样子。时间过得真快呀，眨眼间，你已步入初中，知己越来越多，生活也更加多姿多彩。你终究会与妈妈渐行渐远，趁着你还在我身边，让我多说几句吧，别嫌妈妈唠叨。

　　看着你能对日常生活有所计划，也找到了得当的学习方法，成绩提高了很多，我感到由衷的高兴。欣喜之余，我又隐隐有些莫名的担心。最近，我终于明白了自己担心在何处：你的"比较"变多了。每次周考、月考结束，你总会说："这次考过了大悦，但是没有考过浅浅。""月考考过了浅浅，但还是没有拿到第一。"

　　与别人比较固然好，这会让你有前进的动力和参照的对象，而妈妈想说的是："比较"是不停上升的螺旋梯，望不到尽头，它会让你背上种种负担。也许你听过这个故事：扁担两头分别挂着两个木桶，其中一个完好无损，另一个却裂开了一条缝。挑夫每天都挑着这两个桶到很远的地方去挑水。每次，他打上满满两桶水，等回到家，就只剩下一桶半了——因为有裂缝的桶漏了许多水。完好无损的桶总因自己能够多挑水而自豪，而另一个木桶总是感到自卑。终于有一天，它对主人说："你还是别用我盛水了，找个好一点的桶吧。你每天跑那么远去打水，可总是因为我的缺陷浪费半桶水。"挑夫爽朗地笑了，对木桶说："你别太自责，现在，你好好留意一下路边的花草。正是因为你给它们浇水，才使它们长得那么繁茂。你的确有缺陷，但你的缺陷为世界带来了美好。"故事讲完了，想必我聪明的宝贝也明晰了其中的道理：金无足赤，人无完人。无须和他人比较，要把自己视若珍宝。

　　欣欣，不需要给自己那么大的压力，成绩、名次只是人生的一部分，而妈妈会爱完整的、全部的你。就像三棱镜折射出的光七彩纷呈，人生的精彩从不呈现在唯一的维度上。

　　去做不被定义的风吧！去探寻那一路的未知，去遇见更好的自己。

爱你的妈妈

自尊量表（SES）

《自尊量表（SES）》（Rosenberg，1965）能够帮助你更好地了解孩子的自尊水平。请按实际情况作答。计分时，选择"很不符合"计1分，以此类推。其中，题目3、5、8、9、10为反向计分题，需要进行分数转换后再计分：选择"很不符合"计4分，选择"不符合"计3分，选择"符合"计2分，选择"非常符合"计1分。请让填写者在不知道评分标准的前提下作答。

题目	很不符合	不符合	符合	非常符合
1. 我感到自己是一个有价值的人，至少与其他人在同一水平上。	1	2	3	4
2. 我感到自己有许多好的品质。	1	2	3	4
3. 归根到底，我倾向于认为自己是一个失败者。	1	2	3	4
4. 我能像大多数人一样把事情做好。	1	2	3	4
5. 我感到自己值得骄傲的地方不多。	1	2	3	4
6. 我对自己持肯定态度。	1	2	3	4
7. 总的来说，我对自己是满意的。	1	2	3	4
8. 我希望我能为自己赢得更多尊重。	1	2	3	4
9. 我确实是时常感到自己毫无用处。	1	2	3	4
10. 我时常认为自己一无是处。	1	2	3	4

序号	分数	结果分析
1	10—14	您自尊水平很低。您做任何事情都对自己没信心，对自己的表现失望，需要引起高度重视，应适当采取一定措施提高自己的自尊心。 建议：您在心理方面过低的自我评价可能存在深层次的因素，您可以尝试进行心理咨询，与咨询师一同进行探索，并尝试去改变这种状况。
2	15—19	您的自尊水平比较低。您难以摆正对待自己的态度，不能够正确认识真实的自己，认为自己不如别人，回避挑战，自尊心不足。 建议：您可以尝试记录每天生活中您觉得您做得比较好的事情，可能的话再记录做这些事情之前自己的心态，定时拿出来评估一下自己的真实状况，这对您真正认识自己会很有帮助。
3	20—29	您现在的自尊心处于中等水平，能够正确对待自己和接纳自己，不抱怨，有自己的见解和想法，交往良好。 建议：您对自己的评价较为客观，如果您能够时刻告诉自己"你可以做得更好"，那么您一定可以做得更好，不逼自己一下怎么知道自己有多优秀呢？
4	30—34	您的自尊水平较好，做事情很有信心、不受别人的影响，能够很好地接纳自己，认为自己是有价值的，有爱心，人际关系良好。 建议：您的心理状况良好，请继续保持。
5	35—40	您的自尊水平很好。您能够完全接纳自己，生活有快乐感，有爱心，乐于帮助别人，人际交往很好。 建议：您的心理状况良好，请继续保持。

怎么帮助孩子告别"郁郁寡欢"的状态？

> 无论什么时候，不管遇到什么情况，我绝不允许自己有一点点灰心丧气。
>
> ——[美]爱迪生

表现：眉头紧锁，一副忧心忡忡的样子。

常见指数：★ ★ ★ ★

影响："郁郁寡欢"首先会攻克孩子的情绪之门，使孩子长期处于闷闷不乐、沉默寡言的状态，久而久之，孩子可能会对生活慢慢失去希望，感受不到光明。

若想重新步入斑斓的世界，我们需要积极寻找郁郁寡欢的原因。拨开心头的阴霾，才能重新感受阳光的温度。

天将降大任于本人也，必先苦闷其生活（心理压力）

就像彩虹由七种颜色组成，情绪也有酸甜苦辣、悲欢离合。以下情景是否似曾相识——孩子为自己不受欢迎而烦恼，为脸上的痘痘而苦闷，为班主任的评价而忧心。你若觉得"这简直就是我家孩子的日常"，放心吧，这是家有儿女初长成的过程中出现的再正常不过的情绪。但若长此以往，孩子也会受到这种负面情绪的影响，因此家长不如探其根源，行有效之法。

学习压力

堆积如山的作业要写到十一二点，来之不易的假期被练习册占据，难得的休息时间被安排了课外补习……学习本就不是件容易事，在征服"学习"的路上更是要从长计议。这就像一个游戏团队：孩子是主攻手，面对学习他要全力以赴；而家长则是辅助角色，给主攻手保驾护航、从侧面化解危机、及时提供补给。此时的孩子神经紧绷，眉头紧皱，已然压力巨大；若家长不仅不能正确引领，反而继续施压，孩子的处境可想而知。要做好辅助，我们可以从三个方面着手：一、睡眠充足，饮食健康，充沛的体力是"战斗"的保障；二、劳逸结合效率高，可以和孩子一起看励志电影、听音乐，也可以一起去户外活动；
三、合理分配时间，适当休息，拼搏精神值得提倡，但挤占吃饭睡觉的时间不可取。

同伴压力

同伴压力有积极类型和消极类型之分。前者的好处不言而喻，可以帮助孩子进步；后者会促使孩子做出不理智的盲目服从行为，例如说脏话、偷东西、搞破坏、考试作弊。若孩子饱受消极同伴的压力，你不要着急，可以通过树立榜样，引导和鼓励孩子多与具有良好引导能力的朋友交往，以此抵御消极同伴压力的影响；还可以给孩子讲解自我保护的方法，构建自我心理防线，帮助孩子建立法律意识，抵制不良行为。

我想要阳光，却无力获得（习得性无助）

习得性无助是美国心理学家塞利格曼提出的理论，泛指个体在面临不可控情境时形成无论怎样努力也无法改变事情结果的不可控认知，继而导致放弃努力的一种心理状态。在孩子身上，习得性无助表现在哪些方面呢？

安全感缺失

安全感缺失的孩子，当黑夜来临时，会感到危险到来；当他人出现时，会感到焦虑紧张；当自己独自睡觉时，会出现夜惊，喜欢蜷缩或趴着睡觉。你可以营造和谐的家庭氛围，爸爸疼爱妈妈，妈妈欣赏爸爸，不求回报地爱孩子；也要花时间陪伴孩子，听听孩子的心里话，看看孩子在做什么，欣赏孩子的成果。在温暖、安全的家庭氛围中，孩子能够建立自信，建立对家庭和自我的认同感。

学习兴趣丧失，放弃学业

一次次失败刺痛孩子的心灵，成绩长期不理想让孩子逐渐失去学习兴趣，最终放弃学业。学习有困难的学生很难赶上学习进度；成绩起伏较大的孩子总会犯一些不该犯的错误；很努力的孩子，却在成绩单上看不到回报。这可能有以下三个原因：底子薄、基础差，需要补习的内容多；缺乏学习兴趣，看到书本就烦；学习方法有问题。在学习上，要学会化整为零，将需要补习的内容分为几个部分，预估学习时间，做好计划表，当小目标达成时给予适当奖励。家长要相信孩子能够做到，也要让孩子相信自己能够在学习上取得进步。此外，要掌握正确的学习方法，预习、复习和巩固练习缺一不可。

自信心缺失

孩子在建立自信的过程中，经历失败后本应得到父母的鼓励，责骂等不恰当的评价方式会让孩子产生挫败感，进而慢慢毁掉自信的根基。一件事情往往还没开始做，孩子就觉得"自己做不到""肯定会失败",如不敢和陌生人打招呼,不敢独自去超市,甚至不想上学。如果出现了上述现象,可以试着这样做:一、找到自信,需要多鼓励孩子;二、提升自信,发现孩子通过努力能达到挑战自我的区域;三、挑战自信,督促孩子继续前进,突破自我。

我是毫无价值的,未来是毫无希望的
(抑郁认知"三角论")

贝克于1976年提出抑郁认知三角理论。他认为,抑郁的人倾向于把失败完全归因于个人因素,进而责备自己;抑郁的人对未来抱着负面的看法,预期目前的困难会继续下去,未来迎接他们的只有失败。这种心理产生的原因,大致有以下几个方面。

不夸奖孩子

当孩子犯错时,家长对孩子持"严加审问"的态度,斥责孩子不能犯错;当看到别人犯错时,莫名其妙地将话题转移到自己孩子身上,当众数落指责孩子;总是贴标签、翻旧账。以上行为均不可取,会让孩子产生厌烦和反抗心理,产生"破罐子破摔"的思想,长此以往,孩子会陷入自卑中。父母要学会欣赏和夸奖孩子,在夸奖中成长的孩子,会更加自信,更加积极。需要注意的是,敷衍的夸奖不可取,如"你真棒""你真聪明"。当孩子能帮忙收拾桌子，打扫了自己的房间，坚持将一道难题做完时，家长都要及时夸奖；夸奖时要多夸"努力"，少夸"智力"。恰当的夸奖，蕴藏着无限的力量。

错误思维

有三种思维类型会使孩子郁郁寡欢：一、无病呻吟型。有些孩子在没有任何坏事发生时，内心就总编织出一幅"杯盘狼藉"的画面。二、偶发坏事件泛滥型。将偶然发生的坏事件迁移到相似的情景之中。比如因一次考试失败，认为所有考试都会失败。三、易联系型。将一些外部事件与自己联系起来，比如总是认为别人在议论自己等。

错误思维是可以通过刻意训练来扭转的。我们可以利用思维小游戏锻炼大脑，开发思维；也可以让孩子多接触不同的人和事，在这个过程中思考更深层次的问题；"读万卷书，行万里路"，亦可多读书，开阔眼界。

这里重点提醒一下，若孩子的情绪长期低落消沉，感觉每天都在绝望中受尽折磨，甚至出现自伤、自杀倾向和行为，请你一定要注意，孩子可能患有抑郁症。抑郁分为轻度、中度和重度三种，轻、中度抑郁的孩子在你的帮助下会精力充沛、健康成长。重度抑郁需要药物治疗和心理治疗，请寻求专业人士帮助。不要过度紧张焦虑，要相信孩子能战胜抑郁。

写给孩子的信

亲爱的嘉嘉：

　　妈妈发现你最近睡眠不太好，都有熊猫眼了，也不爱吃饭了，对心爱的糖醋小排也不感兴趣了。妈妈知道你有心事却不愿意倾吐，这让妈妈很担心。

　　妈妈决定施展一下属于母亲的独特魔法——读心术，来猜猜你怎么了。凭借妈妈的"魔法造诣"，我猜是因为期末考试要来了，你担心成绩不理想。你看，妈妈是不是猜对了？

　　我们的嘉嘉很优秀，对自己也非常严格。嘉嘉是怕考不好，爸爸、妈妈会失望，老师会批评，同学会嘲笑。妈妈要跟你说句"抱歉"，妈妈以前对你很严格，总拿其他孩子和你对比，妈妈知道每个人都是独一无二的，动不动就和他人比较是不对的，这对你不公平。嘉嘉有自己的成长之路，妈妈应该尊重你，按照你的节奏通过每个关卡。妈妈应该给你自由和空间，但我没有做到。妈妈开始了为人母的挑战，但过关不够顺利，导致了我们的关主——嘉嘉的不满。让我们来场公平的谈判，关主嘉嘉，你准备好了吗？

　　妈妈要和嘉嘉谈谈学习这件事。妈妈认为，学习是伴随我们一生的事情，在校园里学习知识，在校园外习得技能，在一生的际遇中锤炼智慧。妈妈上班后仍然觉得学习十分必要，而且乐在其中。日复一日，妈妈知道了一个小诀窍：学习是一种能力，如果有了学习力，学习知识或是技能都将变得简单。学习的目的是学会、学懂、学以致用。评价学习的标准应该是什么呢？是成绩吗？嘉嘉，妈妈要告诉你，成绩是检验你近段时间的学习效果，并不是最终结果。成绩不会给你贴上标签，分数不理想也不代表嘉嘉不优秀。嘉嘉是不是会问：成绩就不重要了吗？妈妈要说，成绩当然重要，但卷面分数不意味着成绩的全部。考试不过是用一些小小的题目来检查你的知识体系还存在哪些缺漏，提醒你重视出错之处。

因此，请关主嘉嘉正确理解考试和成绩的含义。还记得心理健康课上，老师如何讲解压力的吗？妈妈记得嘉嘉和妈妈说，压力可以提高效率，但是太大的压力反而会压垮我们。

嘉嘉，试着深呼吸，你能闻到什么？妈妈做好了你爱吃的排骨，还给嘉嘉买了爱吃的蛋糕。嘉嘉，你的胃准备好了吗？让胃动起来，大脑才会随着动起来，心也才会动起来。

爱你的妈妈

怎么与叛逆的孩子"握手言欢"?

叛逆开始总是先在心里盘算,然后才公开行动。

——[英]乔纳森·斯威夫特

表现:暴躁、易怒、点火就着,乐此不疲地"对着干""唱反调"。

常见指数:★★★★★

影响:如果不能对叛逆期的孩子加以关心和引导,他们可能会被叛逆这只猛兽吞噬了心智。叛逆的行为会在孩子的世界里筑起围墙,阻断他们与外界良好关系的发展,使他们偏离成长的轨道。

"叛逆"会使孩子的内心变得脆弱敏感，行为变得偏激。每个孩子或迟或早都会经历这段时期，如何正确引导孩子，是每个叛逆期孩子的家长都头疼的难题。

表现一：暴躁易怒，甚至难以自控（叛逆行为）

叛逆行为的发生与青少年自身变化和家庭等外在因素息息相关。只有了解孩子叛逆背后的原因，并找到相应的解决对策，孩子的叛逆期成长问题才能得到解决。

身心俱疲

1904年，美国心理学家霍尔确认了在儿童和成人之间存在一个独立的阶段——青春期。青春期是孩子生长发育的第二个高峰期，在这一时期，青少年的身体和生理机能都会发生剧烈的变化，主要表现在身体外形的蜕变，体内机能的增强以及性的发育和成熟。但是孩子的生理发育与心理发展并不同步，这会导致孩子逐渐产生"不适应自己"的状况。孩子在初高中时，也许你已经开始注意到他在身材和声线上有了明显的变化，在你因为孩子"长大成人"而开心的时候，却可能也因为孩子变得内向腼腆而烦恼不已。他们在生理上逐渐贴近成年人，可心智与经验却并没能同步成熟。这种内在与外在的反差感，可能会在他们遇到难题却无法解决时，持续打击他们的信心，使得他们变得自卑、敏感。作为家长的你需要在这个阶段花更多时间关心孩子。尝试从现在开始，在孩子每天放学回家后，留出半个小时的聊天时间。聊天的内容不要只局限在孩子的学业上，选择绕开孩子厌烦的话题，让孩子主动倾吐不快。你可以先分享你在工作、生活中的苦恼经历，卸下孩子的心防，引起孩子的共鸣。在孩子分享后，要及时给予安慰和鼓励，家长也能借此拉近和孩子之间的距离。

"溺爱"是毒药

每个孩子都是家里的宝，所以你可能在不知不觉间纵容了孩子的任性。作为家长的你有过类似的行为吗？在孩子不想起床上学的时候为他请好病假，在孩子欺负同学时为他找理由开脱。你总想成为孩子走进校园与社会之后的保护神，却变相让孩子养成了很多坏习惯。为了孩子的健康成长，从现在开始，你应该做出一些改变。可以准备两张纸，在纸上分别写下你认为一个独立面对社会的人应该具备的品质和不应该有的缺点，然后写上对应的行为，必须要将行为对象设定为你的孩子。比如，坚持——可以完成老师布置的长期作业；懒惰——遇到恶劣天气装病逃课。针对这两类行为，你要有不同的干预措施。当孩子想放弃完成长期作业时，你不应该因为心疼孩子而支持他的想法，而要为孩子加油打气，并适当地增加一些小奖励。

当孩子出现不良行为时，你应该严厉对待，可以考虑采取一些小惩罚。

冲突的角色定位

孩子觉得自己已经长大成人，但是在你眼里他一直是个孩子。你可能会发现青春期的孩子有了很多不符合其年龄的行为。男孩子可能会偷偷试穿父亲的大衣和皮鞋，女孩子可能会偷偷用一用母亲的化妆品、穿一穿母亲的高跟鞋。班杜拉的观察学习理论指出，孩子可以通过观察别人的行为及其结果而直接学会某种复杂行为。皮亚杰理论认为，十一岁左右的孩子因为思维方式的转变，开始关注自己是一个怎样的人。孩子试图模仿并证明自己是一个"大人"。但是在你的眼里，孩子永远都只是孩子，你可能无法理解孩子的这种"扮演"行为，甚至在一些社会舆论的影响下，你会认为孩子在逐渐变"坏"。你开始恼火并责备孩子，而被伤害了自尊的孩子会变得暴躁和愤怒，"家庭大战"随时爆发。其实，如果你多多了解青春期孩子的特点和行为，很多"战争"便可化解，消弭于无声。首先，你需要储备理论知识，因为了解才会包容。你可以通过一些学校讲座或者权威公众号，多多了解和关注青少年的心理发展规律，不要偏信一些所谓的"专家"，也不要盲目自信地认为"你爷爷当年就是这么管教我的"。其次，要学会婉转地指出问题。孩子在模仿学习的时候，可能学到一些错误的行为，你如果强硬指出，可能会引起孩子的反抗情绪，结局只会适得其反。

易喷发的情绪火山

我想，处于青春期的孩子情绪波动大这一特点，你一定深有体会，因为这是叛逆的孩子比较明显的外在表现。在日常谈话中，孩子可能会突然生气摔门而去，或者因为早饭不合胃口而摔碗"罢吃"。这可能要归因于他们的大脑。人类大脑的不同区域有着不同的功能。青春期孩子的大脑中，一方面，负责控制情绪的脑区并没有发展成熟，这就导致他们感情判断失常、举止暴躁等；另一方面，孩子的激素水平，尤其是肾上腺素的增加，使他们精力特别旺盛，容易兴奋过度，对发生在自己身边的事情变得敏感，情绪体验强烈而易于波动。要想避免频发的争吵，家长首先要自控，并给予孩子更多的包容和耐心。当孩子的情绪忽然变得激动甚至有些失控时，你要先调整自己的语气和行为，让气氛冷却一下。此外，也要注意你在家的行为举止，父母的情绪状态和遇事的态度会直接影响孩子的情绪变化。你需要让自己成为孩子的榜样。

表现二：跟父母和老师针锋相对是我的态度（逆反心理）

逆反心理其实不完全等同于叛逆心理，前者更多地指孩子主动与父母等长辈针锋相对，反抗自己眼中的权威势力。那么，孩子与家长对着干是出于什么原因呢？

"绝对服从是孩子的天职"

你习惯了控制孩子的行为和想法，就好像他们还在襁褓中一样。"一天必须至少喝三杯水。""不能玩手工，你的任务是学习。""你必须听我的话！"类似的话你会觉得似曾相识吗？孩子迈入青春期，他们的独立意识逐渐出现。慢慢地，你的"无微不至"在孩子眼里就变成了枷锁。你应该明白的是，孩子是一个鲜活的个体，他具备独立的人格，拥有自己的人生。"互相尊重"应该成为沟通的基本准则。摒弃"不准""不行""必须"等含有命令意味的词汇，多用一些"你的想法呢？""如何？""你觉得呢？"等征询意见的语句，让孩子感受到你尊重并且想要了解他的想法。不要把自己的想法强加给孩子。

"网络团体一线牵"

如今的网络交友平台比较多样化，当孩子受了委屈找不到人倾诉时，就会将视线转移到网上，试图在网上寻找知己。但是受到团体极化的影响，当团体不断壮大，团体里的想法和意见就会趋向极端化。孩子身处其中，难免受到影响。"打败家长"可能就是这些团体的"使命"之一。如果长期沉湎于这类网络小团体，孩子们能看到的永远是别人对自己父母的抱怨，会拿这些事来衡量自己的家长,并逐渐放大家长的缺点,自己却还以为在"感同身受"。彻底远离网络并不现实,你应该帮助孩子找到现实生活中的乐趣,让他们将关注的重心从对周遭的偏狭评价转向理解生活的乐趣。你可以每个月组织一次野外郊游或者登山活动,剧烈运动可以帮助孩子释放心中的压力,也可以为你和孩子提供在现实中接触、沟通的条件,还可以让孩子享受现实生活。何乐而不为?当然,你也要掌握前文所述的沟通技巧,帮助孩子排解心中的烦恼。

写给孩子的信

亲爱的晶晶：

　　四天的冷战对我来说度日如年。通过这次争吵，我突然发现，过去我对你的种种善意要求，在你看来却是我试图将自己的想法强加给你。也许，我已经是一个拒绝倾听的"独裁者"了，但是孩子啊，在这样的冷战中，你不也在做着同样的事，同样拒绝倾听吗？今天，让我们先放下自己的抵抗情绪，借着这张信纸，心平气和地聊聊天吧。

　　我知道，"叛逆"不是你的本意。可能很多时候，你也没有办法控制自己的情绪和行为。但是叛逆折磨着你的内心，改变了你看待外界事物的思维方式，影响了你的行为举止。如果不加以调节，我担心你的光彩会被掩盖。解决叛逆问题，我们都需要做出改变。

　　请不要退缩，虽然社会舆论将"叛逆"作为青春期孩子的负面标签，可心理学家告诉我们，所有人在青春期都可能出现叛逆行为。这是必然现象，并非负面标签。重要的是，我们应学会不放任情绪。曾经，我因工作繁忙，忽视了你的成长和变化，现在我已经开始调整工作节奏了。接下来的周末，我们会一起享受属于全家的周末时光。把你的"叛逆"变成探索的动力吧，博物馆、科技馆、附近的旅游景点……你的四周有足够的地方等着你去"开发"。等假期里，我们还可以拟订更酷的计划，即使是"叛逆"，你也会是小伙伴中"叛逆"得颇有收获的孩子。

  "叛逆"是青春期独特的风景。年轻时的叛逆，可能是为了彰显自己与众不同的"酷"。但这种"酷"不一定要靠针锋相对的辩论或顶撞大人来表现。你知道吗？当你在朗读比赛中获奖的时候，当你在舞台上翩翩起舞的时候，你就是我眼中最酷的少年。假期的时候，咱们一起看了电视剧《觉醒年代》，剧中的青年个个"叛逆"，可正是因为他们"叛逆"地挑战那个黑暗的社会，他们才成了如今美好时代的开创者，成了历史上最耀眼的星光。这是"叛逆"二字在青春中最好的书写——心怀天下、处变不惊、锐意聪慧、一往无前。妈妈期待，你也会这样，不负青春，不负年少。

爱你的妈妈

"Hong"氏逆反心理量表

如何判断逆反心理水平的高低呢？我们可以使用曹钧翻译修订的《"Hong"氏逆反心理量表》。这个量表共有11道题，每道题根据符合的程度按1—5分来评分，1=完全不同意，2=基本不同意，3=不一定，4=基本同意，5=完全同意，最后计算总分，分数越高表明逆反心理水平越高。请让填写者在不知道评分标准的前提下进行选择，以便得出更真实的结论。

题目	完全不同意	基本不同意	不一定	基本同意	完全同意
1. 规则会引发我的抵触情绪。	1	2	3	4	5
2. 我会反驳别人。	1	2	3	4	5
3. 我经常想，越是被禁止的事，就越是我想去做的事。	1	2	3	4	5
4. 我认为别人的建议对我来说是一种干扰。	1	2	3	4	5
5. 当我不能自主或者独立地做出决定时，我会感到沮丧。	1	2	3	4	5
6. 别人告诉我那些我已经知道的事会使我恼火。	1	2	3	4	5
7. 当我的自由选择权受到限制的时候，我会生气。	1	2	3	4	5
8. 别人的建议或意见常常会使我做出相反的决定。	1	2	3	4	5

题目	完全不同意	基本不同意	不一定	基本同意	完全同意
9.我拒绝别人对我施加影响。	1	2	3	4	5
10.把某人作为榜样教我学习，我会很反感。	1	2	3	4	5
11.如果谁强迫我做什么事，我就想跟他对着干。	1	2	3	4	5

怎么面对孩子的"三天打鱼,两天晒网"?

> 苟有恒,何必三更眠五更起。
> 最无益,莫过一日曝十日寒。
>
> ——[明]胡居仁

表现: "奋斗五分钟,躺平两小时。"

常见指数: ★ ★ ★ ★

影响: "持之以恒"看似容易,实则需要勇气与毅力的加持。若孩子不能坚持把一件事尽量做完整,没有信心耕耘也没有耐心收获,又怎能静候"理想照进现实"呢?如果总是半途而废、轻言放弃,那么短期内就可能产生厌学情绪,长此以往会让孩子逐渐懈怠,缺乏勇气与能力去克服成长道路上的种种阻碍,难以成为理想的自己。

懈怠的火苗柔和而微弱，稍不留神就可能被忽视。但烈火往往起于微毫，待酿成燎原之势，悔之晚矣。家长要勇敢地穿越"火海"，找到孩子意志力问题的"火源"，从源头上扑灭懈怠的火苗。

意志力是最宝贵、最有限的力量（心理资源）

意志力这一资源就好像储存在某个能量槽中，当它在一件事情上消耗过多，就会在心理层面出现一定的缺失，使人产生捉襟见肘之感。意志力缺乏便不能提供足够的能量，最终导致行动无法坚持。有许多孩子做事情容易"三天打鱼，两天晒网"，就是没有使用好意志力这个心理资源。

目标又大又多

同时出现的多个目标会"抢夺"孩子的意志力，无论孩子做与不做，斟酌选择的过程本身就耗费着意志力。打个比方，有一把超大的水壶放在灶台上，柴火都烧光了，水却还只是温的。于是，你跑出去继续找柴火，等寻够了回来，本来的温水已凉得差不多了。后来，你不再急于点火，而是把柴火备足，水不一会儿就烧开了。可如果寻不到足够的柴火，该怎么办呢？一位智者说："那就把壶里的水倒掉一些。"在这个故事里，柴火燃烧产生的热量就是意志力，那一整壶待煮的水，就是目标。孩子的意志力有限，很难面面俱到，有时会找不到发力点，就像找不到足够的柴火那样。这时，若执意烧水，很可能顾此失彼。针对这种情况，可尝试如下办法：

一、引导孩子设定合理、具体的目标，如考试希望考多少分、周六做几件家务、每天用多长时间娱乐放松等，在一定时间内选择较少的目标（最好是一至两个），然后集中精力去实现它。

二、目标设定后，用"如果……那么……"的形式表达明确的指令。比如目标是"我希望英语考到一百分"，用下面的句式表达指令："如果我每天准时完成计划，那么就能取得成功。""如果每周六晚复习这周学习的内容，那么一定非常有成就感。""如果把单词放到语境中去理解，那么记忆效果会更好。"这样的表述，实际上是在潜意识里进行了"预先演练"（心理学称为"执行意图"），既降低了意志力的消耗又增强了执行力。

三、制订详细的月计划（若有需要也可以制订周计划，但不建议制订日计划），计划要前紧后松，先难后易，符合意志力消耗规律。

自控力不够强

自控力强的人在抵制欲望上花的意志力较少，因为他们早已将正确行为培养成了"自动化"的习惯，如同生产车间中的机械臂可以自动完成工作任务。反之，自控力不强的人则需要经常付出意志努力来避免外界的诱惑和内心冲突带来的困扰，每次自我控制都要耗费相应的心理资源，这将导致心理资源的不足（心理学称为"自我损耗"）。设想一下，你和朋友正在进行自控力测试：奶香四溢的屋子里，两人面前各放了一个盘子，里面有巧克力和萝卜。你的朋友可以随意食用，但你被告知只允许吃萝卜，要抵制巧克力的诱惑。五分钟后，双方各解一道其实做不完的拼图难题，看看谁坚持得久。实际上，你因为被迫抵制诱惑，产生了自我损耗，极有可能迅速放弃，甚至会大声抱怨："我受够了！"当处于自我损耗状态时，我们会感到，恼人的事情比平时更恼人，会说出可能让自己后悔的话，更难抵制吃、喝、花钱或者做其他事的冲动。成年人尚且如此，何况一个孩子呢？

然而，自控力就像肌肉一样，是可以通过训练来增强的。不妨试试这么做：

一、让孩子坚持某项简单但需要耐力的小事来训练自控力（最好结合孩子的兴趣点），例如坚持按时起床、坚持体育锻炼、坚持给花浇水等。此处以"换一只手做常做的事"为例，也就是如果他习惯用右手的话，就让他用左手，用左手是"非习惯性行为"，需要运用意志力，你可以训练他用左手刷牙、开门、控制鼠标、喝水、拧瓶盖等。

二、建立特定的时间表，让他在规定时间内做作业、读书、看手机等，让孩子在一个合理的时间内完成一些兴趣活动，有利于孩子体验专心致志完成当下任务的感觉。

三、以孩子的自我监控为主，家长监督为辅，让孩子记录自我控制的成果，例如记录"尽管很饿，但我今天写完作业后才吃饭"，让他见证自控力的提升。

四、奖励孩子的进步，例如口头夸赞、奖励图书或组装式模型、积分制奖励、亲手（这很重要）为他制作奖章等有符号意义和精神意义的物件。原则上避免奖励孩子金钱、衣服、手机、零食和结构简单的玩具等。

抗挫折能力的重要作用不容低估（抗挫折力）

人在一生中难免会遇到挫折，尤其是处于青春期的孩子。面对挫折和困难，孩子会产生惰性也是情理之中的。如果父母不能及时督促，长此以往，孩子再次面对挫折时将感到如临大敌，自然就无法坚持做完了。但如果一个孩子做好了面对挫折的准备，并曾有过战胜它的经历，那么挫折就会成为前进的动力和阶梯。常见的缺乏抗挫折能力的原因都有哪些呢？

不能正视挫折

害怕挫折的心态比挫折本身更可怕。一般来说，对挫折的反应，不单由挫折本身的大小决定，更多取决于对挫折的理解和判断。有的孩子即使遭遇了严重挫折，仍能够正确认识并处理，其挫折反应也是微弱的；反之，不能正视挫折的孩子，哪怕挫折的程度很轻，也可能导致强烈的挫折反应。因此，要解决问题，首先便是让孩子正确认识和理解挫折。

直接告诉孩子"你要正视挫折"并不一定行之有效，我们可以这样做：

一、以尊重的态度支持孩子走向独立，让他勇于说出自己的想法，多问"你怎么看？"；孩子想要独立完成一件事情时，哪怕想法有些不切实际，在安全的前提下你也要敢于放手，鼓励他去尝试，即便失败了，孩子也能在挑战中认识挫折。

二、用讲故事的方式使孩子科学地认识挫折的意义，历史典故中关于战胜挫折、获得成功的例子不胜枚举，你需要花点心思收集汇总。

三、让孩子学会自立，帮助孩子掌握生活技能，培养处世办事的能力，比如制订"零钱理财计划"、洗衣做饭、了解园艺知识、购买油盐酱醋、维修家中设施、学习自我防卫保护技能、进行时间管理等，从"不自立"到"自立"的过程，同样是理解挫折的过程。

四、和孩子一起玩"模拟人生"的游戏，为他设定特定角色和任务，让他独立完成，在实践中深化对挫折的认识。

难以调整情绪

随着身体激素的变化、第二性征的到来，处于青春期的孩子，情绪就会像"疾风骤雨"般来势汹汹。抗挫折能力不足的孩子，在遇到挫折时更容易陷入持续的消极情绪之中。他们为了避免潜在的失败而选择放弃，并相信唯有如此才能全身而退和维护自尊。要知道，风中摇曳的竹子在每一次摇晃之后，竹节都不是简单地归位，摇晃会使弹性纤维重新组合，让它更有韧性。对此，你可以参考以下做法：

一、允许孩子有情绪，无论他的情绪是否合理。情绪无所谓对错和好坏，只是人们基于当前情境做出的反应，因此你要先倾听，然后接纳，最后帮助他转化情绪。

二、鼓励孩子宣泄情绪，比如大哭、大笑、听音乐、找好友倾诉、跑步、骑车、打球、参加社会公益活动等，尽情地投入到这些活动中去，把积郁的消极情绪高效地释放出来。若父母与孩子共同参与则有事半功倍之效。

三、引导孩子掌握正确的归因方式。所谓归因，就是人们把行为结果认定是哪方面原因导致的，心理学家鼓励人们把成败归因于努力（努力是一种人自身拥有的、可以自由掌控的，却不是一成不变的力量），例如，一次考试失利后对试卷进行分析时，引导孩子将失利归因于不够努力，而不是觉得自己"不够聪明"。

四、树立榜样，与孩子分享自己战胜挫折的经历，以身作则会大大增强孩子面对失败的勇气和信心。

五、鼓励他主动融入艰苦的环境，加强体育锻炼，提高抗挫折能力，例如，参与体育活动、家务劳动、志愿服务等，甚至可以去艰苦地区体验生活。

"行百里者半九十"，心理学在研究人们为什么不能持之以恒时，提出了大量事实，证明行为终止期往往出现于"半途"，那是一个极为敏感而又异常脆弱的活跃区域。半途效应的影响因素主要有两个：一是目标选择是否合理。目标与自身能力差距越大，半途效应越大。二是个体意志力。意志力越薄弱的人，半途效应越容易产生。

"一鼓作气，再而衰，三而竭"，这是人类的心理和生理机制所决定的，不断加码的"打鸡血式学习"是违反人类自身的天然条件的。那么，怎样才能最大限度地做到坚持到底呢？那就是"大目标、小步子"：把大目标分解成若干个阶段性小目标，每当孩子阶段性地实现一个小目标，就给予鼓励和强化，帮助孩子更好地实现下一个目标,这也被称为"目标分解"。它仿佛在告诉孩子:不管你正处于哪一个阶段,你都走在通往成功的路上。以让孩子读一本科普读物为例,读完整本书是一个大目标,完成各个章节是阶段性小目标,孩子每读完一个章节,就给予他鼓励和强化。如前文所述,要通过赞美、积分、奖章等有符号意义和精神意义的物件,避免奖励给他消费品和金钱。

写给孩子的信

亲爱的瑧儿：

十年弹指一挥间，如今你已经十几岁了，有了自己的想法，有了自己的世界。白居易有诗云，"十月鹰出笼，草枯雉兔肥。"相信你也满怀雄心壮志，意在纵横天空。然而你可知，雏鹰的第一次展翅并非是直冲云霄，而是要从悬崖之上纵身跃下，唯有只身赴险，甘受淬炼，方能百炼成钢，撑开一双雄壮的翅膀。

孩子，我在生活中发现，其实你还可以在坚持性上做得更好。你有没有发现自己容易"奋斗五分钟，躺平两小时"？明明半小时就可以做完的事情，却要一直拖到天黑，临睡前才手忙脚乱地收尾？是不是经常难以控制自己，心里想着要做作业，手却不听话地拿起了手机？是不是总会注意力不集中，上课听了又好似没听？

我的孩子呀，莫要待到秋风起，少年把身立，环顾四周心茫然，诸事不成已。

当年上高中时，语文老师曾赠给我一句话："七分坚持，区别常人。"意思是做事只要肯坚持，就可以将自己与平常人区分开来。一个人完成一件事情的意志力和专注力,对他能否取得成功有决定性影响,此为"有志者事竟成"。

在这里请允许我以过来人的身份点拨你一二。可以从以下这几个方面入手:一是明确目标对自己的意义和联系;二是由易到难、由简到繁,分阶段地克服困难;三是在计划清单中,每完成一个项目就给自己奖励;又或者本来能坚持半小时,如果能坚持四十五分钟就给自己奖励。

爸爸最近也在读书,终身学习的道理我亦颇有心得。虽然工作缠身,但一天读它几页,一月下来竟也读完一本,不亦快哉。我正好读了德国作家、诺贝尔文学奖得主赫尔曼·黑塞的《德米安》,我把书中我最喜欢的一句话送给你吧:"无论是动物还是人,只要他全力以赴,将他的全部意志力专注于一件事情,他就能实现目标。"

爱你的爸爸

意志力量表

本量表选自许国彬，黄秀娟（2012）《大学生心理测查与行为指导》一书。量表共26个问题，请从"1=很不符合，2=不大符合，3=介于符合与不符合之间，4=比较符合，5=很符合"这5个答案中选择一个最贴近实际情况的答案。答案没有对错之分，不要花太多时间思考，如果对如何作答不太清楚，请尽量估计。

对于奇数题号，选1得1分，选5得5分；偶数题号需要反向计分。例如，第2题如果选择"5（很符合）"，那么实际得分为1分；同理，本题若选择"1（很不符合）"，则得5分。请让填写者在不知道评分标准的前提下作答。

题目	很不符合	不大符合	介于符合与不符合之间	比较符合	很符合
1. 我很喜欢长跑、远足、爬山等体育运动，但并不是因为我的身体条件适应这些项目，而是因为这些运动能够锻炼我的体质和毅力。	1	2	3	4	5
2. 我给自己制订的计划常常因为主观原因不能如期完成。	1	2	3	4	5
3. 如果没有特殊原因，我每天都按时起床，从不睡懒觉。	1	2	3	4	5
4. 我的作息没有什么规律性，经常随自己的情绪和兴致而变化。	1	2	3	4	5
5. 我信奉"凡事不干则已，干则必成"的信条，并身体力行。	1	2	3	4	5

题目	很不符合	不大符合	介于符合与不符合之间	比较符合	很符合
6. 我认为做事情不必太认真，做得成就做，做不成便罢。	1	2	3	4	5
7. 我做一件事情的积极性，主要取决于这件事情的重要性，即该不该做；而不在于对这件事情的兴趣，即不在于想不想做。	1	2	3	4	5
8. 有时我躺在床上，下决心第二天要干一件重要的事，但到第二天这种劲头又消失了。	1	2	3	4	5
9. 在学习和娱乐发生冲突的时候，即使这种娱乐很有吸引力，我也会马上决定去学习。	1	2	3	4	5
10. 我常因读一本引人入胜的小说或看一出精彩的电视节目而忘记时间。	1	2	3	4	5
11. 我下决心办成的事情（如练长跑），不论遇到什么困难（如腰酸腿疼）都会坚持下去。	1	2	3	4	5
12. 我在学习和工作中遇到了困难，首先想到的就是问问别人有什么办法。	1	2	3	4	5
13. 我能长时间做一件事情，即使它枯燥无味。	1	2	3	4	5
14. 我的兴趣多变，做事时，常常是这山望见那山高。	1	2	3	4	5
15. 我决定做一件事时，常常说干就干，决不拖延或让它落空。	1	2	3	4	5
16. 我办事喜欢先挑容易的做，难做的能拖则拖，实在不能拖时，就赶时间做完，所以别人不大放心让我干难度大的工作。	1	2	3	4	5

题目	很不符合	不大符合	介于符合与不符合之间	比较符合	很符合
17. 对于别人的意见，我从不盲从，总喜欢分析、鉴别一下。	1	2	3	4	5
18. 凡是比我能干的人，我不大怀疑他们的看法。	1	2	3	4	5
19. 我喜欢遇事自己拿主意，当然也不排斥听取别人的建议。	1	2	3	4	5
20. 生活中遇到复杂情况时，我常常举棋不定，拿不定主意。	1	2	3	4	5
21. 我不怕做我从来没有做过的事情，也不怕一个人独立负责重要的工作，我认为这是对自己很好的锻炼。	1	2	3	4	5
22. 我生来胆怯，没有十二分把握的事情，我从来不敢去做。	1	2	3	4	5
23. 我和同事、朋友、家人相处时，很有克制力，从不无缘无故发脾气。	1	2	3	4	5
24. 在和别人争吵时，我有时虽明知自己不对，却忍不住要说一些过头的话，甚至骂对方几句。	1	2	3	4	5
25. 我希望做一个坚强的、有毅力的人，因为我深信"有志者事竟成"。	1	2	3	4	5
26. 我相信机遇，很多事实证明，机遇的作用有时大大超过个人的努力。	1	2	3	4	5

结果分析

各题目实际得分相加,计算出总分,总分越高说明意志力水平越高。

总分在111分以上,说明你的意志很坚强。

总分在91—110分之间,说明你的意志比较坚强。

总分在71—90分之间,说明你的意志一般。

总分在51—70分之间,说明你的意志比较薄弱。

总分在50分以下,说明你的意志很薄弱。

怎么帮助孩子抵御"糖衣炮弹"?

如若你想征服全世界,你就得征服自己。

——[俄] 陀思妥耶夫斯基

表现:先玩一会儿手机吧,晚点再做作业也不迟。

常见指数:★ ★ ★ ★ ★

影响:人若没有强大的自制力和高度的自觉性,就如同攀爬没有护栏的悬崖、驶入深不见底的旋涡,最后陷入穷途末路。孩子难以抵御"糖衣炮弹",难以支配自己的行为,失去对快乐和欲望的控制力,致使生活缺乏条理、杂乱无章,严重者甚至会误入歧途。

作为家长，怎样给孩子架设"坚固的护栏"，配备"可靠的导航"呢？增强孩子的自制力和自觉性，以下这些内容应该可以让你有所收获。

二选一："及时行乐"还是"居安思危"？

很多时候，孩子不得不面临这样的抉择：先玩还是先写作业？选择先玩耍，意味着"及时行乐"（心理学称"即时满足"）；选择先做作业，则意味着"居安思危"（心理学称"延迟满足"）。毫无疑问，那些能耐得住一时，不因偏爱的东西扰乱心神的孩子通常在未来有更好的人生表现，如更好的教育成就、身体质量指数等。

诱惑袭来，难以抵抗

当诱惑摆在眼前，想忍住并非易事。假设你超级喜欢一部电视剧，恨不得不睡觉也要一口气看完，这便是缺乏延迟满足能力的典型。延迟满足是自我控制能力的表现之一，它体现了个体能否为了长期利益而暂时控制住自己的即时满足冲动。它可以评估一个孩子是否愿意为了更大的利益，放弃此时比较小的利益，这也是衡量一个孩子的恒心、耐心的标准。

请注意，所谓"延迟满足"，是孩子对自己的控制，是他自己做出的决定，而绝非你让他得不到满足。将这两者区分开，在亲子教育中非常重要。因此，当你发现孩子缺乏延迟满足的能力时，可以参考以下做法：

一、延迟满足别刻意：青少年独立意识正盛，强行限制他们极易引起逆反心理，导致孩子故意和你作对。

二、协同训练自律能力：青少年的自制力已有了一定的发展，我们要做的是让他发展得更好，顺水推舟。

三、品尝焦急带来的后果，体验等待带来的好处：让孩子认识到即时满足的"不合算"，然后让他自己做决定。以"不刷短视频而是做作业"为例，家长可以引导孩子分析得失，以做出选择：短期损失——我暂时看不了短视频；短期收益——我做完作业可以畅快地玩，不用担心明天交不上作业；长期损失——我可能会错过精彩内容；长期收益——由于我认真复习，学习成绩会不断提高。

年少轻狂，易冲动

青春期的孩子荷尔蒙分泌旺盛，大脑发展迅猛，其积极表现为生龙活虎、富有创造力；消极表现为易冲动、不受控制。这使得他们易受制于外界的诸多诱惑，觉得它们新鲜、刺激、好玩、炫酷，并最终转化为内心的冲动被释放出来。

有时，一时冲动会造成难以承受的后果，家长应采取措施避免这类情况发生：

一、引导孩子想象"冲动"的后果，通过后果的严重性来震慑孩子，让他认识到冲动是不值得的，从而控制住自己。

二、在做出冲动行为之前，用心理暗示避免冲动，如"此时此刻，我不可以做冲动的牺牲品""过一会儿再来应付这件事，没什么大不了的""等一等，这件事关系到我的未来，要好好考虑一下"。

三、转移注意力，去做一些简单（这很重要）的事情，或远离诱惑（比如远离一群人、离开某个房间等），或去一个安静平和的环境。人的情绪往往只需要几秒、几分钟就可以平息下来，但如果不良情绪不能及时转移，就会更加强烈。冲动和情绪这两者往往是典型的"团伙作案"，要遏制冲动，首先要控制情绪。

最好的管理是"自我管理"，而不是"被管理"

你是否希望孩子时时刻刻都"听话"？与其让孩子听话，不如让孩子自觉。现代管理学之父彼得·德鲁克的核心理念就是"最好的管理是自我管理"，换句话说，现在督促是为了将来不督促。

控制感缺失

有些家长喜欢为孩子操持一切：什么时候做作业、什么时候玩，形成一种绝对支配和被支配的对立气氛，这对孩子自我控制能力的发展是不利的。还有些家长秉承"你什么都不用管，把学习管好就行了"的态度。小霖在每次考试前，妈妈都会给他准备好所有的考试用具，甚至连铅笔都削好；平日里，妈妈说得最多的话就是"你一定要……"。小霖完全可以独立完成很多事情，现在却由妈妈一手包办，那么在他的生活和学习中，可以自主掌控的事情便寥寥无几，因而控制感比较低。对于能力范围内的事，孩子能够自己做决定，自己做自己的主人，那么他们就是有控制感的，反之则没有。

家长可以尝试以下做法来提高孩子的控制感：

一、亲子双方定好日常生活规则后，严格遵守，不按规则来便给予相应惩罚，比如减少玩的时间、多做一些家务等，用规则来督促孩子自主学习、自我管理。需要注意的是，务必保证规则是双方共同商议的，且不能像法律条文那般规定得过于精细，家庭中不需要法官。在执行的过程中，让孩子的自我监督取代家长的絮絮叨叨。

二、定期举行家庭会议，讨论家里都有什么事务、如何分工，列出孩子想负责的任务清单，并制订计划；家庭成员轮流当会议主持人（这很重要），这样，每逢孩子当主持人，就能体验到翻倍的控制感。

自驱力不足

自驱力，顾名思义，就是自我驱动的能力。自驱力强的孩子，在没有其他人督促的情况下也能积极主动地完成任务。相反，自驱力弱的孩子更需要外界的控制而不是依靠自我控制，因而难以专心致志地完成重要的任务，在面对诱惑时也不够坚定。

小谷上初一了，面对高手如云的新班级，她倍感紧张。无论在学习上还是生活中，她都不太主动：课堂上从不举手发言，回家后也不抓紧时间做作业，总是需要老师和爸妈不停地催促，很少愿意主动完成任务，做起来也草草了事。用她的话来讲"无论我做什么，都觉得没有动力"。

这是一个很典型的问题，解决问题的核心要义是支持孩子的自主性：

一、让孩子形成自主选择的习惯，跟他谈谈想要什么、喜欢做什么、觉得自己擅长什么，强调"自主选择、承担责任"。

二、探索孩子究竟对什么事情有内在动机，内在动机最容易产生自驱力，为了做到这一点，你可以问他在做完什么事情后感到开心和实现了自己的价值，只要安全、不违法，任他开阔新天地。

三、榜样的力量从来不应该缺席，榜样的经历能对孩子的生活产生积极影响，不妨去寻找一些不同领域的导师或同辈榜样，让孩子得以接触更广泛的职业选择和生命选择。

四、改造家庭环境和气氛，例如去掉电视，摆上书架和书桌，孩子、爸爸、妈妈各自有独立的阅读空间。千回劝说不如一次体验，全家一起营造的氛围会使孩子自发地、自愿地认真学习，产生自驱力，从而形成人与人、人与环境之间良性影响的循环。

写给孩子的信

亲爱的子霄：

在冰雪消融、万物复苏之时，在你十五岁生日到来之际，爸爸、妈妈想和你用笔谈谈心，希望你能用心聆听，也希望你能做出回应。我们相信，这样的交谈方式，能让彼此平和地畅谈心中所想。

孩子呀，随着你的成长，简单的快乐似乎无法让你满足，我们不时发现你的乐趣中有了更花哨、更有吸引力的东西。爸妈担心的是，这些让你心驰神往的"糖衣"下，是一颗颗不定时的"炸弹"。它有些像你们年轻人喜欢的盲盒。同样的包装里，可能是普通款，也可能是隐藏款，你只能"先付账，后知晓"，一言以蔽之，你在花钱买"运气"。小小一个盲盒只卖几十元，但为何有人为它耗尽巨资？只因千金难买命运，过度沉迷其中只会落得人财两空。你也许好奇，爸妈为什么要说这个，在我们眼里，你经常刷的短视频就像盲盒，看视频的时间就是你的财富。每滑一次屏幕，就相当于开一次盲盒，总有你未知的新视频在吸引你，让你越刷越兴奋，难以停下。

真的，这让我们惶恐不安。

孩子，在这个喧嚣的时代，诱惑是无处不在的。面对诱惑，有的人经受住了，保持了本色，经过不懈努力到达了理想的彼岸；有的人却迷失了方向，陷入荆棘之中，最后与自己的愿望背道而驰。爸爸、妈妈愿意站在你人生的十字路口，和你一块做选择。我们会留出更多的时间来和你共同成长，去切身体会"生"与"活"的真实。工欲善其事，必先利其器，这件"器"便是你的自我控制能力，而爸爸、妈妈愿与你共同打磨！

一直以来，你都是一个懂事而又温暖的孩子，这一点爸爸、妈妈都深信不疑。那次家里停水，你独自把两桶四十斤的饮用水抬上五楼，你的脸上浮现出一种真切的满足。回想一下，那一刻是什么在让你坚持？是你知道做这件事的意义，不是为了片刻的满足感，而是为了生活所需。当你为了更远的美好而耐得住一时的寂寞时，生活的真谛就在悄然为你揭开面纱。

孩子啊，"窗竹影摇书案上，野泉声入砚池中。少年辛苦终身事，莫向光阴惰寸功"。就让寂寞做你歇息的驿站，让自制力做你成长的阶梯吧！

爱你的爸爸、妈妈

中学生自我控制量表

《中学生自我控制量表》(王红姣,卢家楣,2004)呈现了中学生里比较常见的情况。请您根据陈述做出判断,从"1=完全不符合,2=比较不符合,3=部分符合,4=大部分符合,5=完全符合"这5个答案中选择一个最符合您的实际情况的答案。答案没有对错之分,不要花太多时间思考,如果您不太清楚如何作答,请尽量估计。请注意:1.每个题目只能选一个选项;2.每个题目都要回答,做完后检查一遍,不要有遗漏。

题目	完全不符合	比较不符合	部分符合	大部分符合	完全符合
1. 上课时我经常思想开小差。	1	2	3	4	5
2. 玩久了我便很难收心。	1	2	3	4	5
3. 老师或家长总是说我自由散漫。	1	2	3	4	5
4. 上课时,我极少走神,即使是我不喜欢的课也是这样。	1	2	3	4	5
5. 只要一玩电脑游戏我便控制不住会不停地玩。	1	2	3	4	5
6. 学习时我能排除一切杂念,一心一意学习。	1	2	3	4	5
7. 一个人在家时,我便会控制不住不停地看电视、玩电脑。	1	2	3	4	5
8. 当碰到难题做不出来时,我就会变得非常烦躁。	1	2	3	4	5

题目	完全不符合	比较不符合	部分符合	大部分符合	完全符合
9. 对于他人的过激言语，我一般能心平气和地对待。	1	2	3	4	5
10. 学习时，我常不能坚持很久。	1	2	3	4	5
11. 一旦制订了计划，我便会坚持下去，从不因为各种理由而轻易放弃。	1	2	3	4	5
12. 我需要别人的督促才会完成学习任务。	1	2	3	4	5
13. 有我喜欢的电视节目，我就会忍不住去看而不做作业。	1	2	3	4	5
14. 一考试我就紧张。	1	2	3	4	5
15. 玩电脑时，鼠标很不好用或网速太慢时，我会生气地拍鼠标。	1	2	3	4	5
16. 当做事遇到困难时，我就不会再做下去了。	1	2	3	4	5
17. 我考试曾不止一次作弊。	1	2	3	4	5
18. 我很容易受外界的影响。	1	2	3	4	5
19. 我常因为贪玩而把原来安排好的一些任务忘记了。	1	2	3	4	5
20. 当我不高兴或心烦时，谁来打扰我，我都会对他很不礼貌。	1	2	3	4	5
21. 平时，当我与同学比赛输了，我便会发火。	1	2	3	4	5
22. 当还有事没做完而朋友约我出去玩时，我会立刻停止手头的事情，与朋友出去玩。	1	2	3	4	5

题目	完全不符合	比较不符合	部分符合	大部分符合	完全符合
23. 上课前即使玩得很兴奋，上课时我也能立刻安静下来学习。	1	2	3	4	5
24. 我做事经常不是很理智。	1	2	3	4	5
25. 别人说我爱惹是生非。	1	2	3	4	5
26. 课堂上我能尽量忘记不愉快的事用心学习。	1	2	3	4	5
27. 只要发生突发事件我便不知所措。	1	2	3	4	5
28. 当事情变得困难、复杂时，我便会退缩。	1	2	3	4	5
29. 在家我能抛开厌烦情绪专心做作业。	1	2	3	4	5
30. 高兴起来我会大喊大叫。	1	2	3	4	5
31. 课堂上我对老师所讲的内容不感兴趣时，照样还会用心听。	1	2	3	4	5
32. 我常凭一时冲动做事。	1	2	3	4	5
33. 我常常是做了事情就后悔。	1	2	3	4	5
34. 我不止一次出现过作业拖延、抄袭现象。	1	2	3	4	5
35. 生气时，我常爱闷在心里。	1	2	3	4	5
36. 不管是在校内还是校外，我都能很好地遵守规章制度。	1	2	3	4	5

结果分析

《中学生自我控制量表》由36个条目组成，包含3个维度：情绪自控、行为自控、思维自控。

情绪自控维度包括：8、9、14、15、20、21、23、26、29、30、35。

行为自控维度包括：2、3、5、7、11、12、13、16、17、19、22、25、28、34、36。

思维自控维度包括：1、4、6、10、18、24、27、31、32、33。

条目中，4、6、9、11、23、26、29、31、35、36这10个条目为正向计分，其余均为反向计分。总分越高，说明个体的自我控制能力越好。

怎么面对"断不了奶"的孩子?

> 我宁愿靠自己的力量打开我的前途,而不愿渴求有力者的垂青。
>
> ——[法]雨果

表现:"我不行""我不会""我做不了""你帮我做"。

常见指数:★★★★★

影响:若孩子没有主见,就很容易产生依赖心理,不仅在行为上处处"甩手",思想上也时常原地驻足,这对他的健康成长很不利,除了导致生活技能的缺失外,还会阻碍其独立思考、解决问题和社会适应能力的发展,进而难以开拓属于自己的一片天地。

正所谓"生于忧患，死于安乐"。衣来伸手，饭来张口的日子似乎让孩子感到非常幸福，但这种情况就像大雪覆盖下的陷阱一样，眼前是令人陶醉的美景，可谁知道雪的下面是什么呢？

很少有自己的态度和观点，"认知自立"有待提升

认知自立并非鼓励青少年必须提出和父母不同甚至对立的意见，而是要能认识到自己想法的可贵之处，父母的观点不能代替孩子的想法或支配孩子的行动。认知自立难能可贵，父母要重视这种品质的培养和保护。

头顶有架直升机：曾经有主见，但被压制了

家长如同直升机一般盘旋在天空，监视着孩子的一举一动，一有风吹草动，立刻出手。即便孩子有想法，他也不愿意说了。也许他以前说过，但每次都被家长否定，稍有不同意见就被批评，于是他渐渐从"不敢说"变为"不想说"，形成了对现实无望和无可奈何的习惯性思维方式（即习得性无助）。

小舟从九岁起就对哲学产生了浓厚的兴趣，中考后的暑假里，她第一次向父母提出，未来上大学要选哲学专业，结果父母觉得学哲学没什么用。由于父母态度强硬，小舟多次表达想法被拒绝后，便对未来不抱什么希望了。在爸爸、妈妈面前，小舟一次又一次被否定、被安排、被忽视，逐渐丢掉了自己的

想法。

孩子还小的时候，因为自我管理能力比较弱，大多数事情都要家长帮忙做决定，但现在站在你面前的少年有着渴望满足自主性的内在需求。出现问题与解决问题的办法是同时产生的：

一、拒绝做"专制型父母"。有些家长采用的是专制型教养方式，无法忍受子女意见与其相左，过多地干预、约束子女。

二、增进亲子双方在观点和看法上的联系，彼此都变得包容一些。这并非要求双方看法完全一致，而是坚信对方能理解自己考虑的事情，例如孩子认为"我如果把这个想法拿出来和爸爸、妈妈讨论，他们肯定能理解我为什么这么想，而不是直接让我闭嘴"。

三、通过平时的闲聊来交换意见，亦可通过定期的、例行的家庭会议来交换看法，让彼此敞开言路，畅谈无阻。

四、以理服人，而不是以权威服人。这个"理"不是大道理，而是三种途径——体验式、故事式、榜样式，并以体验式为主，道理说一千遍不如亲身体验一遍。如果通过故事来说理，可以讲与孩子亲近之人或同龄人的故事，效果会好一些。

缺乏自我价值感

孩子没有主见可能还与缺乏自我价值感有关。当个体重视自己、才华得到关注、地位得到认可时，自我价值感便产生了。

它实际上有内、外两种：内部自我价值感基于孩子对自己的评价，包括美德、能力、特长等；外部自我价值感在很大程度上取决于他人的认同，包括学习成绩、孝心、相貌等。一个缺乏自我价值感的孩子，通常对自身的能力和未来的成长缺乏信心，与别人相处时容易退缩，特别是在遇到不同意见时更容易怀疑自己，生怕自己说的话被人反驳，这也导致孩子的很多想法就这样被吞进了肚子里。

小周的妈妈总是喜欢当着邻居和亲戚的面夸奖或批评儿子。起初他感到十分难为情，久而久之，他变得既希望被他人认可，又抗拒他人的评价，最后渐渐没了主见，经常自我否定，不敢表达自己的真实看法。

很显然，我们有办法避免上述情况的发生：

一、不要说"你还小，不懂""你想的那些都没用""你看人家做得多好""我吃的盐比你吃的饭还多"，这样的表述是对孩子的否定，很容易让他怀疑自己。

二、从内部提升自我价值感，最主要的途径是提高自信。一方面，可以让孩子依据自己的喜好培养一技之长，这样一来，即便学业受挫，孩子依然能找到感到自豪的地方，不会仅仅因为成绩落后便完全否定自己；另一方面，鼓励孩子迎难而上，通过参加班级和学校举办的集体活动（如运动会、元旦晚会、演讲比赛等)来克服弱项(如紧张、吐字不清、不想动弹等),因为不断打破舒适区的过程就是不断开拓安全区的过程。

三、从外部提升自我价值感,给予孩子合理的期望。我们尽量避免用"比较"的眼光看孩子,要根据孩子的实际水平,形成合理的期望,不能急切地盼望他能考到前几名;要关注孩子的成长和变化,尽量让他轻松自如地进学校,毫无包袱地学下去。

过于依赖父母,亟待提高"情感和生活自立"能力

如果我们总是关怀备至、事无巨细地"替"孩子生活,那他们过于依赖父母、难以自立也就不是什么奇怪的事情了。大量心理学研究指出,消极的教养方式(如溺爱型、专制型、忽视型)不仅损伤孩子的自立人格,也相当于剥夺了他们选择的权利。

身前有辆推土机:溺爱型教养方式

许多家长出于"好心",总是为孩子包办一切,例如替孩子买文具、洗衣服、报辅导班、收拾房间等,甚至每天早晨还要给他拿鞋袜,就像一辆推土机,推走所有障碍。如果你去问这样的父母,他们可能会说:"孩子还小,没事儿,我这么做也是为他好。"

黄飞学习一直很努力，家里也特别希望出一个大学生，于是一家人秉持"万般皆下品，唯有读书高"的信念，包揽了孩子除了上课、考试和做作业以外的所有事情，对孩子百依百顺，照顾得无微不至。升入初中后，由于是第一次驶离家庭的港湾，黄飞很难适应住校生活。黄飞被家里惯出来的脾气惹得室友也不愿意跟他玩……

孩子要断奶，要走向自立，正如船舶要离开母港，驶入深海。是时候改变"重养育、轻教育"的情况了：

一、家长示弱。过去能为孩子做些什么，现在少做一些（而且有些事情我们的确做不来，例如处理同学关系问题），让他学会自己处理。

二、从"包办型父母"向"顾问型父母"转化，不要做"推土机"的驾驶员，要做"总参谋长"。顾问型父母最大的特点在于提供指导和咨询而不做决策，这恰恰与包办型父母相反；在顾问型父母看来，孩子在成长中遇到的每一件事情，都是他要面对的课题，应该自行解决，大人只需要提供建议和适当帮助即可，目的是让孩子成功扮演主角"打怪升级"。如此，孩子既能学到顾问的经验，又能自己做决定，何乐而不为呢？

父母行为控制和父母心理控制

有些家长给孩子设定规范和规则，通过主动询问和观察等方式来了解子女活动，这在心理学上称为"父母行为控制"。适当水平的行为控制给予青少年必要的约束、监督和指导，有力促进了青少年的人格成长和社交能力的发展。相比之下，如果家长刻意忽视孩子的情感需求，减少关爱，诱导其产生内疚感，进而使孩子的行为与父母的期望一致，例如向孩子表达失望，指责他"不好好学习就是不孝顺""买自己喜欢的东西就是败家"，以爱的名义要求他等，这便属于"父母心理控制"。这种方式不但损害了孩子的独立表达能力，也不利于其自主性的发展。

以处在青春期早期的初中生为例，这个阶段的亲子冲突发生频率比青春期后期要高得多，原因是家长们还没意识到孩子已经有了强烈的自主性需求，之前小学生式的管理方式已不再适用，因为即便那样的控制是适度的、善良的，也容易被孩子误认为家长故意和自己作对。

读到这里，你是否想起曾经对孩子有过行为控制或心理控制呢？其实，适当的控制是必要的，但正如上文所言，当孩子步入青春期，过多的控制已不能再促进其健康发展了。那么，我们该如何应对呢？

首先，让孩子参与家庭决策，促进家庭成员互动，逐渐降低行为控制：只要是和整个家庭相关的事情，都可以让孩子积极参与，例如统计家里每月的开支情况、每个人的预算计划有没有变等,这样不仅可以增强孩子的归属感、责任感和平等意识,鼓励他说出自己的想法,更能促进其表达能力、思维能力的发展,有助于孩子实现认知自立。

其次,尽量减少心理控制。孩子一般倾向于向妈妈寻求情感支持,妈妈保持较低的心理控制就不会让孩子有"被背叛"的感觉,否则,孩子可能会以为妈妈用"我爱你,所以你得听我的"的手段控制他;相比于妈妈的"温暖教养",爸爸更多的是一种"工具性教养",因此,爸爸需要"既有爱又讲理"——既要做孩子遭遇挫折时的强大后盾,又要做"玩得痛快,学得踏实"的伙伴。

孩子在涉世之初对各方面的认识都是模糊的,与此同时,他们开始产生自我观点,喜欢独立行动,并开始出现"违背"大人要求的叛逆行为,这是青春期的正常现象,表明孩子进入了"心理断乳期"。

"心理断乳"一词最早由霍林沃斯在1928年提出,指子女在发育成长中要求摆脱父母或其他监护人的监护而形成独立人格的过程。从这时起,个体将在心理上脱离父母的保护及对他们的依恋,逐渐成长为独立的社会成员。青春期"心理断乳"是相对于婴儿期因断奶而改变营养摄取方法的"生理断乳"而言的。无论哪一种断乳,其共同特点是已有的习惯与新的发展需要产生了矛盾，必须做出改变才能实现成长。

儿童一般在一岁左右能实现生理上的断乳。随着个体的成长，他们的自我意识开始萌芽，到青少年期形成了"成人感""独立感"，这就使他们由过去对长辈的心理依赖转变为开始抗拒大人过多的保护和干涉。这个时期的青少年常常体验到内心的矛盾，例如，一方面想做一个独立自主的人，但另一方面又因为自身各项能力的欠缺而不得不对父母产生一定程度的依赖。具体表现为，不愿意和父母一起出去，懒得和父母商量，经常为了小事和父母顶撞争吵，不再依赖父母来维持自己的安全感，开始寻求伙伴关系，扩大社会交往等。这些都是正常的心理特征，是以自我意识为中心的个体化心理发展的标志，有利于青少年自我意识和独立人格的培养和提高，也有利于青少年较好地适应人际关系与社会生活。心理断乳并非是一个突变过程，而是青少年由依赖父母向独立自主逐渐转变的过程。由于这一时期青少年心理的复杂性和矛盾性，极易产生各种问题。因此，要尊重他们的独立需要，又要给予积极引导。

写给孩子的信

亲爱的逍遥：

现在是晚上九点，还睡不着的我，也想学别人家的爸爸，提笔给孩子写点什么，来纪念这有意义的一天。

今天是你初一开学的第一天，也是你离开家去住校的第一天。十三年来，你一直都是爸妈的掌上明珠。时间过得可真快啊，落笔之际，我脑中浮现着第一次牵你的手上小学，看你背着书包还故意挺直了背的"小大人儿"模样。那是你学会独立的开始，而现在我相信这一切很快就会实现了。

为什么我如此有信心呢？因为白天陪你去宿舍安置行李时我便发现，一个平时不怎么打扫房间的孩子，到了宿舍居然二话不说，三下五除二地就把自己的床铺收拾好了。咦？你是不是想在室友面前秀一波呢？但是不管怎样，我都看见你的内心在坚定地呐喊：我能行！我看到了你想要独立的努力，但真正的自立远比一次劳动、一次报名要复杂得多。

说起自立，我想先来聊聊"认知自立"，也就是独立思考能力，这可能是你没有意识到的一个方面。初中会有大量的习题要做，老师也会进行详细的讲解，给出明确的答案。

但你一定要记得，现有的答案可能会让你形成依赖，而有些问题看似没有标准答案，却值得你不断地去思索。

当然，这并不是让你扔掉学习内容，而是提醒你学会在学习的过程中，利用所学知识对已有的结论提出自己的想法，进行独立思考和求证，甚至敢于质疑。但认知自立就是要和别人的看法不一样，就是要与众不同吗？显然不是的。能达到认知自立，恰恰体现了我们的海纳百川，有容乃大。

有的人，当他独处时不会感到孤独，当他与人同行时不会产生依赖，当别人进入他的世界，他也能与之建立一个"共同世界"，这便是"情感自立"。每天晚上，在宿舍里休息时，跟室友一块聊天、探讨人生，不知道你是否喜欢这样的生活呢？俗话说得好，"在家靠父母，出门靠朋友"。也许住校是一次绝佳的机会，因为能让你进一步探究两个问题：到底什么是朋友，同学和朋友到底是不是一回事？

平时没有了爸妈的陪伴，你可能会想念我们，但是，逍遥，请不要感到孤单，家这个港湾永远不会变，我们会一直守望着你完成蜕变。也许你会碰上一些你觉得不好相处的同学，没有关系，"道不同，不相为谋"，为人处世要严于律己、宽以待人；心系四方，平起平坐。

老爸在上大学时就很喜欢和寝室的兄弟们开"卧谈会"。

那时，宿舍里年纪最小的兄弟一想家就哭，别人都笑话他"没断奶"。老爸我却说："人们总把成长比作断奶的痛苦，我却觉得这苦更像土壤，它是种子的阻力，却也为种子提供了源源不断的能量。不做断不了奶的孩子，要做成长的种子。"那个小兄弟像是受了我的鼓舞，也变得豪迈起来。他毕业后可是去边疆保家卫国了呢。

不知不觉已经十点了，儿子，你该休息了吧？种子的萌发也需要安静的休息以积蓄力量。我会常常给你写信，看着你一天天拔节生长，今日更比昨日蓬勃茁壮。

爱你的爸爸

青少年学生自立人格量表

下面是一些描述心理特点的句子,请认真阅读并根据您的真实情况在相应的数字上打"√",答案没有对错之分。回答时请注意:尽量避免填"不确定";请认真答题,但也不必反复考虑;逐题回答不要遗漏;不要参考其他人的回答。

题目	非常不符合	比较不符合	不确定	比较符合	非常符合
1. 独自与陌生人交谈时就容易慌乱。	1	2	3	4	5
2. 在与同学们的交往中,他们大多比我更主动。	1	2	3	4	5
3. 喜欢随口许诺。	1	2	3	4	5
4. 在与人交往中,善于帮他人找台阶下。	1	2	3	4	5
5. 不接纳与自己性格不合的人。	1	2	3	4	5
6. 通常不敢独自去别人家做客。	1	2	3	4	5
7. 主动结识新朋友。	1	2	3	4	5
8. 向他人透露朋友的秘密。	1	2	3	4	5
9. 与别人意见不同时,我会调和双方的观点。	1	2	3	4	5
10. 憎恶那些行为古怪的人。	1	2	3	4	5
11. 独自与异性交谈就容易紧张。	1	2	3	4	5
12. 别人主动来找我时,我才会与人交往。	1	2	3	4	5

题目	非常不符合	比较不符合	不确定	比较符合	非常符合
13. 没有把握的事不会答应别人。	1	2	3	4	5
14. 我既能拒绝别人的请求又能不得罪对方。	1	2	3	4	5
15. 忍受不了那些缺点多的同学。	1	2	3	4	5
16. 陌生人多的场合会让我感到紧张。	1	2	3	4	5
17. 与人初次见面时，一般都是我首先进行自我介绍。	1	2	3	4	5
18. 遇到麻烦时就想放弃自己的承诺。	1	2	3	4	5
19. 在人际交往中，善于保全大家的面子。	1	2	3	4	5
20. 我认为应该孤立那些让人讨厌的人。	1	2	3	4	5
21. 需要出远门时，我可以独自乘车去。	1	2	3	4	5
22. 喜欢提前安排需要做的事。	1	2	3	4	5
23. 做事时不会事先考虑后果。	1	2	3	4	5
24. 不管现实情况如何，也要将规则坚持到底。	1	2	3	4	5
25. 与多数同学相比，我的兴趣更广泛。	1	2	3	4	5
26. 具备了生活自理能力。	1	2	3	4	5
27. 喜欢尽量提前完成需要做的事。	1	2	3	4	5
28. 大家都说我做事马虎。	1	2	3	4	5
29. 宁愿增加麻烦也不改变最初的决定。	1	2	3	4	5

题目	非常不符合	比较不符合	不确定	比较符合	非常符合
30. 乐于接受与众不同的新观点。	1	2	3	4	5
31. 如果需要独自在家好几天，我照顾不好自己的生活。	1	2	3	4	5
32. 主动完成学习任务。	1	2	3	4	5
33. 大家都说我做事冒失。	1	2	3	4	5
34. 即使情况有变，也会坚持按原计划做事。	1	2	3	4	5
35. 喜欢尝试新事物。	1	2	3	4	5
36. 具备了独立生活的能力。	1	2	3	4	5
37. 决定要做的事，就会马上动手。	1	2	3	4	5
38. 与多数同学相比，我做事时更少出差错。	1	2	3	4	5
39. 即使发现现实情况与自己的预料不一样，仍会坚持最初的决定。	1	2	3	4	5
40. 与多数同学相比，我的好奇心更重。	1	2	3	4	5

《青少年学生自立人格量表》题项分布说明

在《青少年学生自立人格量表》（夏凌翔，黄希庭，2008）中，"人际自立"维度有20个项目，包括"人际独立、人际主动、人际责任、人际灵活、人际开放"5个方面；"个人自立"维度有20个项目，包括"个人独立、个人主动、个人责任、个人灵活、个人开放"5个方面。得分越高表示相关特质的水平越高。

"印象管理"和"一致性"为效度量表，只用于研究人员判断某人填写的数据是否可信。效度量表中的题目不计分。

"反向计分题"是指这些题目在计分时，需要先进行分数转换，之后再计入总分。即"选择1（非常不符合）"计5分，以此类推。

青少年学生自立人格各维度的含义和题项分布详见下表。

人际自立维度：1—20	人际自立是个体在自己解决所遇到的基本人际交往问题中形成的带有人际色彩的独立性、主动性、责任性、灵活性与开放性特征。
	人际独立：1、6、11、16 人际独立指能独立从事基本的人际活动。
	人际主动：2、7、12、17 人际主动指主动与人交往。
	人际责任：3、8、13、18 人际责任指对人忠、信。
	人际灵活：4、9、14、19 人际灵活指不刻板地坚持人际交往的原则与方式，能够权变、现实地处理人际关系问题，以维护交往各方的需要、利益和面子。
	人际开放：5、10、15、20 人际开放指积极容纳他人。

个人自立维度： 21—40	个人自立指个体在自己解决所遇到的基本个人生活问题中形成的非人际色彩的独立性、主动性、责任性、灵活性与开放性特征。
	个人独立：21、26、31、36 个人独立指能自己解决所遇到的基本个人生活问题。
	个人主动：22、27、32、37 个人主动指自发、自觉、及时地解决个人生活问题。
	个人责任：23、28、33、38 个人责任指行为严谨。
	个人灵活：24、29、34、39 个人灵活指不刻板地坚持已有的东西（如规则、思想、计划等），能权变、现实地处理个人生活问题。
	个人开放：25、30、35、40 个人开放指乐于接纳自己没有接触过的东西、思想等新事物。
反向计分题	1、2、3、5、6、8、10、11、12、15、16、18、20、23、24、28、29、31、33、34、39

2

学习是重要问题，却不是全部问题

怎么引领孩子向往未来的生活？

> 凡事预则立，不预则废。
>
> ——《礼记·中庸》

表现："我一直都在流浪，可我不曾见过海洋。"

常见指数：★★★★★

影响：缺乏生涯规划的孩子就像迷失在参差错落的迷宫中一般，看不清方向，四处碰壁，找不到出口。初困"迷宫"，可能会在当前的学习中产生迷茫、压力过大、自信心不足等问题；长久的原地打转则会让他们习惯于这种迷惘，渐渐失去对未来的期冀和积极生活的动力，难以顺畅地适应大学生活，更无法在步入社会时做出恰当的职业选择。

要想让孩子有条不紊、昂首阔步地迈向未来生活，了解一些有关生涯认知的知识是十分必要的。

什么是生涯认知呢？在心理学上，生涯认知是指个人对自我与职业生涯相关的心理特征的认识以及对工作世界的认识。这个概念读起来拗口，其实我们并不陌生。事实上，从高中文理分科开始，家长一般都会和孩子探讨有关职业生涯规划的问题。比如，很多家长建议孩子选理科，理由是好就业；而有的孩子可以从未来的理想职业出发，自己清楚明确地倒推出选文科还是选理科。总之，选择什么科目、报考什么大学和专业、未来如何发展……这些"站在人生十字路口"的选择题都和生涯认知密切相关。

按照舒伯的生涯发展理论，高中阶段的孩子正处于生涯发展的探索阶段，即职业探索和认同阶段。换句话说，在这个阶段，他们需要在积累知识、提高能力的同时，挖掘自己的兴趣点，了解有关自己和职业的千百种可能。

那么，作为家长的你，如果想要为孩子的未来出谋划策，提供一些恰当、可行的建议或必要的支持，可以从哪几个方面入手呢？让我们一起来看一看吧！

问问他们喜欢什么、擅长什么、想做什么
——提高孩子的自我认知水平

有的孩子对未来往往没有明确的规划,"两耳不闻窗外事,一心只读圣贤书"。他们对自己的兴趣、能力、潜力和不足之处等方面没有细致的观察,更不能做出客观的自我评价。在他们的生活中,常常流行这样一些话:"分数不是万能的,但没有分数是万万不能的。""好好学习,就能找到好工作。"无论是原本就这样认为,还是被动地接受了这些观念,对应试学习的过分看重最终都易导致孩子对自我探索的忽视。

对此,你首先要改变"分数决定一切"的想法,引导孩子扭转"为了学而学"的目标,唤醒孩子的生涯意识。值得注意的是,19世纪的英国教育家斯宾塞就提出了"教育准备生活说",认为教育应当为未来的生活做准备。那怎样为未来做准备呢?第一步就是引导孩子了解自己。"知己知彼,百战不殆",清楚地认识自己是做好生涯规划的前提。经常问问他们喜欢什么、擅长什么、未来想做什么,试着陪他们一起做一次霍兰德职业兴趣测试吧!

有计划、会学习、与自己比
——提高孩子的学业认知水平

高中阶段的孩子以学习和升学为主要任务,可以说,这个阶段是对美好未来的重要铺陈。虽然这个阶段没有直接与未来职业对接,但选科、升学、选专业等间接影响着未来职业规划的方向。因此,掌握学科知识,顺利完成高中学业显得尤为重要。

这其中有一类孩子值得我们关注,他们只关注学业成绩与排名,高度紧张、焦虑、备受压力、煎熬,只为无限靠近"别人家的孩子"。其实,高中生学业认知包括对很多方面的认识与评价,不能只看到当下学习阶段的表现,还要了解自己的优势科目、学习风格和动机、学习能力与潜能、学习目标、学业规划等。如果只在意学习的结果,必然摆脱不了患得患失的心态。建议你引导孩子全方位地关注自己的学业,不要把注意力放在分数本身上,更重要的是了解自己的学习风格、能力、潜力与优势,保持良好的学习态度和学习动机,有针对性地制订适合自己的学业规划,这样才能更好地学习知识。此外,比起"成绩目标"(学习是为了获得成绩,表现自己的能力),"掌握目标"(学习是为了掌握知识,发展自己的能力)更好,因为这样收获的不再是一纸数字、一个名次承载的虚荣心，而是真正的不断进步的喜悦。

术业有专攻——丰富孩子对专业的认知

有一些孩子在步入大学后有类似这样的问题：我是一个大一新生，高中时不了解选科对未来报考的影响，结果在高考后选专业时才发现，自己所能选择的专业范围较窄，从而不得不选了一个不喜欢的专业。进入大学，发现本专业开设的课程让人感到乏味，自己喜欢数学、逻辑学，可专业课根本不涉及这些内容……这种情况屡见不鲜，究其原因，就是孩子们在高中阶段对自己未来可能就读的专业和工作的领域没有建立最基本的认识，只好走一步看一步，盲目地选择或随波逐流，最后南辕北辙。其实，专业选择绝不仅仅是高考志愿填报那几天的事，不如早早地同孩子通过各种渠道，例如专家讲座、身边熟人的经验分享或试听网络课程等，提前了解不同专业的性质、分类，不同专业未来的职业发展方向等。

三百六十行，行行出状元——带孩子了解不同的职业

"职业指导之父"帕森斯指出，要做好职业规划，除了要了解自我外，还要了解职业，然后进行两方面的综合匹配。很

多家长不太在意孩子的早期职业规划，遗憾的是，不做生涯规划的弊端在高中阶段看不出来，甚至到大学阶段也不明显；但等到孩子们走出校园，步入社会，问题就会显露无遗——读了十几年的书，面对职业选择却一筹莫展。不了解职业，怎能规划？其实，父母不仅是孩子的第一任老师，也是孩子的第一任生涯规划师。你可以从自己从事过的职业讲起，聊一聊自己选择现在这个职业的原因、经历，让孩子了解你的职业；在日常生活或旅行中，遇到不同的场景，比如，餐厅、超市、商场、学校、博物馆、社区、体育馆等，和孩子交流遇到的人从事的职业，以及这些职业的价值，这样既能开拓孩子在职业选择方面的视野，又能培养孩子对不同职业的尊重；带孩子参加一些活动，多去体验和经历，这样的感性认识和亲身体会比查阅资料更为直接。

灵活应变——提高孩子生涯规划的元认知能力

按照心理学家弗拉维尔的观点，元认知技能包括计划、监测和调控三个部分。如果觉得难以理解，不如就把元认知能力暂且视为一种"随机应变"的能力。三年的学习生活中，孩子对自己、学习、专业和职业的认识都在发生变化，因此，孩子也需要在变化中不断调整自己的生涯规划。这可以通过陪孩子一起制订"我的梦想策划书（个人发展愿景规划）"来实现。鼓励孩子写下高中阶段要实现的目标，包括短期目标与长期目标；实现这些目标需要制订什么计划；想一想"我是谁""我有哪些特长爱好""未来我想读什么专业、从事什么职业"……定期回顾这本"梦想策划书"，陪伴孩子不断地将它完善。要记住："梦想策划书"永远没有"定稿"，可以结合当前的情况灵活地进行调整。

拥有梦想是梦想成真的第一步，然而只有梦想却没有具体的目标，也不为实现目标付诸行动，梦想就只能是空想。对于孩子来说，完美的生涯规划与美好的未来之间还有一道长长的鸿沟。但是，别心急，心理学家厄廷根（Oettingen G.）和格尔维茨（Gollwitzer P. M.）提出的执行意图自我调节策略，可以帮助我们让梦想照进现实。简单来讲，执行意图就是一个"如果……那么"计划，它有两种具体形式——行动计划和应对计划。例如，一个准备考取名校的高中生，会制订"每周日上午在家做一篇英语真题阅读"这样的行动计划，也会制订"如果周日上午同学约我出去看电影，我会适当拒绝同学的邀请"的应对计划。这两种计划不仅将一个明确的时间地点线索和行动有效地组合起来，还考虑了如何应对在达成目标的过程中可能遇到的阻碍，因而能够帮助我们更好地实现目标。

写给孩子的信

宁宁:

晚上本打算等你下了晚自习和你当面聊聊,又怕你以为我是你老妈派来的救兵、劝你学理科的说客,我心想,那我先写封信给你,表明一下老爸的态度吧!

其实关于选文还是选理,老爸并不打算站队,因为选择本身没有好坏之分。既然谈到选择,就不得不搬出这首老爸最喜欢的诗……

> 黄色的树林里分出两条路,
> 可惜我不能同时去涉足,
> 我在那路口久久伫立,
> 我向着一条路极目望去,
> 直到它消失在丛林深处。
> 但我却选了另外一条路,
> 它荒草萋萋,十分幽寂,
> 显得更诱人、更美丽,
> 虽然在这条小路上,
> 都很少留下旅人的足迹,

虽然那天清晨落叶满地，
两条路都未经脚印污染。
啊，留下一条路等改日再见！
但我知道路径延绵无尽头，
恐怕我难以再回返。
也许多少年后在某个地方，
我将轻声叹息把往事回顾，
一片树林里分出两条路，
而我选了人迹更少的一条，
因此走出了这迥异的旅途。

这是美国诗人罗伯特·弗罗斯特的代表作《未选择的路》。在诗中，他用寥寥二百字写出了现实生活中人们处在十字路口时难以抉择的心情。事实上，在老爸看来，无论选哪条路都会有遗憾，这是类似"鱼和熊掌不可兼得"的遗憾，我想这不叫遗憾，叫贪心！反倒是做出自己的选择后不曾拼尽全力，遇到坎坷就放弃，不能坚定地走下去，错失了本该遇到的人生风景，这才是真的遗憾！

不过，选一条路走不代表随意选一条路。时代不同了，现在资讯发达了，信息不对称的情况相对减少了。老爸当年选文理的时候，通信没有现在这么发达，所以更强调选择后就坚定地往前走，我觉得对于宁宁来说，不妨先去广泛地了解不同的职业和专业，挖掘自己的兴趣点，畅想一下有关自己和职业的千百种可能，再去思考自己想要学文还是学理的问题。

我也想到了两种方式帮助你去探索。

你可以登录教育部高校招生阳光工程的指定平台"阳光高考"网站，查看自己感兴趣的院校、专业、大学所在的区域、历年录取分数线等，还可以检索相关的在线教育网站，查看关于生涯规划的信息，比如认识不同专业的特点，探索你感兴趣的职业，了解这些职业未来的工作内容等。

除此以外，如果你心目中已经有了一些关于专业和职业的初步想法，可以放心大胆地与爸爸、妈妈交流，如果爸爸、妈妈身边有同事家的孩子学习了相关的专业或从事着相关的职业，我们可以去拜访他们，讨教经验。

做出选择只是片刻的事情，真正难的是你要明白自己为何做出这样的选择。世间从没有预言家，无论哪一条路，只有你走下去了，它才真的会成为路。古希腊那句著名的神谕还记得吗？——"认识你自己。"是的，认识自己正是一切选择的开始。

爸爸

怎么引导孩子"爱学习""会学习"？

> 书山有路勤为径，学海无涯苦作舟。
>
> ——[唐]韩愈

表现：抵触所有和学习相关的事情：不听、不看、不想。

常见指数：★★★★★

影响："学习，我不爱了。"一句看似云淡风轻的话语，却不知已在孩子的心中萦绕了多久，搅得孩子心神不宁。孩子在学习中缺乏学习策略，就如同猫咪没有了胡须。他们竭尽全力在茫茫题海中打捞着正确答案，一次次尝试，却一次次失败，慢慢开始失去平衡，失去耐心，失去斗志。

面对孩子不会学习、不爱学习的"窘境",切勿轻举妄动,先来把握学习策略的内涵,再期待让孩子的学习世界"雨过天晴"。

什么是学习策略?顾名思义,就是孩子在学习中为了提高学习效率,达到更好的学习效果,有目的、有意识地制订学习方案。比如,每天的作业清单、寒暑假制订的学习计划等都属于学习策略的范畴。面对孩子不爱学习、不会学习的情况,可以通过不同的现象来了解不同的学习策略,以及如何帮助孩子在学习中使用它们。

现象一:"我真的记不住,背了很多遍还是记不住"(认知策略)

相信这一现象你并不陌生,你也常常会听到孩子有意无意地这样抱怨。究其原因,是学习策略中的认知策略没有及时激活。心理学上将认知策略界定为"学习者加工信息的一些方法和技术,有助于有效地从记忆中提取信息"。简单地说,就是帮助孩子在学习过程中将学到的知识进行总结与归纳的方法。

"复述策略"是一种认知策略,即重复、抄写,很多孩子在背单词或古诗的时候,会采用这一策略。课本、辅导书上常见的各种类型的五颜六色的线条或符号,也是一种认知策略——

"精加工策略",具体来说,是指对知识精细地加工,以增强自己对知识的掌握。认知策略还有一种形式叫"组织策略",听起来是不是感觉深不可测?但你一定看到过孩子采用该策略——思维导图。以上三种策略就是认知策略的全部。你会发现,这些策略在学校教学中早已被教师们应用起来了,那你不禁会问,家长还可以做些什么呢?那就是督促和检查孩子是否在有效地使用这些认知策略。在这个过程中,常见问题主要有以下两种。

学习参与程度较低

不爱学习的孩子往往对学习内容的参与程度较低。比如,你问孩子今天学了什么内容,有的孩子可能说不出来,甚至对于一些课堂上讲解过的知识并不知情。教育学家艾德格·戴尔提出了一个"学习金字塔"理论,认为个体主动学习和被动学习的学习效果是不同的。通过阅读、听讲、图片学习,分别能够记住知识的10%、20%、30%;而通过讨论、实践、教授给他人等主动互动方式学习,分别能够记住知识的50%、70%、90%。从这一理论也可以看出,对知识的有效加工会提升知识的留存率。因此,你要主动"出击",帮助孩子完成课堂以外的主动学习。比如,你可以在放学后,让孩子给你讲解今天学到了什么知识;不要让他泛泛而谈,要多问孩子几个为什么,这时需要你专注地倾听，对于孩子讲解卡顿或是不清晰之处要格外注意，提醒孩子及时补足短板可以起到有效复习的作用。这种方式不仅会帮助孩子把所学知识点重新温习巩固，还会提升孩子对学习的兴趣。

没有精准地刻意练习

有的孩子不是不爱学习，而是在学习中付出了很多，但没有达到理想的效果，孩子的学习兴趣也随之慢慢降低了。例如，孩子在背单词的时候往往是一遍又一遍背写，但考核效果并不理想。如果出现这种情况，建议你帮助孩子"刻意练习"，即练习自己最不擅长或者总出错的部分。拿背单词来说，你可以让孩子在背单词的时候先自我测试，看看自己真正不会的有哪些，然后再专攻不会的单词，做到精准地刻意练习。

现象二："我制订了很多计划，但完成效果不佳"（元认知策略）

你可能会遇到这样的情况：有时候发现自己制订了很多计划，但真正按照计划完成的概率其实并不高。这其实跟元认知策略有关。心理学上把元认知称为"认知主体对于自身心理状态、能力、任务目标、认知策略等方面的认识以及对于这些方面的计划、监控和调节"。简单地说，元认知就是关于自己的认知的认知；元认知策略是指对于我们所制订的计划的合理性、监控计划的执行程度以及根据计划的开展情况进行及时修正、调整的策略。对于学习来说，元认知策略会帮助孩子将自身的学习状态和学习成效及时调整到最佳水平。比如，在制订计划时，可以提醒孩子先预估计划达成效果（元认知计划策略）；但面对计划永远赶不上变化的窘境时，元认知监控策略就开始发挥作用了，会将计划与实际执行情况进行对比，进而督促他调整自己的计划（元认知调节策略），这就是元认知策略运行的完整流程。读到这里，想必你已明白了掌握元认知策略的重要性，它会让孩子时刻处于学习的最优状态。那么，影响元认知策略发挥作用的主要原因是什么呢？

自我控制系统尚不完善

有的孩子表示也想按照自己规定的计划完成任务，但有时确实有些贪玩了。心理学家研究发现，初中生的学习策略仍处于他控状态且策略运用水平不稳定，高中生基本上可以达到自控阶段。因此，当你的孩子出现拖延、贪玩的状况时，请先不要急着责备孩子，你要知道这属于正常现象。你可以给孩子温馨提示，让孩子意识到自己的现状；你也可以询问孩子是否需要你的帮助，在他"得意忘形"的时候适当地给予一些提醒和督促。

处于被动学习的处境

有的孩子在学习上从不主动出击,处于被动接受知识的状态。比如,当被问到"老师讲的听懂了吗?"孩子表示听懂了,但一做题或者一考试,情况就"惨不忍睹"。这一幕是不是似曾相识?对于这种情况,你不要认为孩子是在"撒谎",他们在听的时候确实听懂了,但在应用方面还没有熟练,还需要进行深度学习。对此,"自我提问法"不失为一剂良药。例如,对于一个知识点,可以让孩子自我提问:"我是不是真的掌握了?"——做题时是否发现已知量与知识点的联结?做题后是否有更简便的解题思路?对于同类题是否进行了归纳总结?这种方法能够让孩子很好地监控自己的认知和逻辑思维,以便及时调整。此外,还可以采用"出声训练法",即让孩子在解题过程中,大声说出他们的解题过程,这种对学习内容的规程化训练,有助于某一方面的学习尽快达到自动化的程度,让孩子在学习时越来越得心应手。

现象三:怎么办?!我感觉时间总是不够用!
(资源管理策略)

资源管理是指孩子对学习过程中的资源的管理,主要包括对时间、学习环境、自身努力程度以及社会支持的管理。在这些方面，常见问题有两类。

时间总是不够

初、高中课程多，作业任务重，自己好像用尽浑身解数也写不完，留给兴趣爱好的时间也不够充足。可是，时间真的不够用吗？还是因为学习时总被各种事情吸引，导致无法专注学习呢？现在有个流行的说法是"卷的时候想着躺，躺的时候想着卷"。意思是说，学习的时候想着怎么玩一会儿，而玩的时候又想着怎么学一会儿。有些孩子感觉自己一天很忙，但真正专注学习的时间可能很短，所以才感觉时间总是不够用。面对这个头疼的问题，你可以建议孩子建立时间管理优先矩阵。先画一个时间管理四象限，根据紧急程度和重要程度将事情分为重要紧急、重要不紧急、紧急不重要、不紧急不重要四种。对于重要紧急的事情要马上去做；对于重要不紧急的事情制订时间计划；对于紧急不重要的事情考虑是否可以请别人帮忙做；对于不重要不紧急的事情可以暂时不做。同时让孩子找到自己学习的最佳时间，比如，有的孩子属于熬夜学习型，有的孩子属于早起学习型，让孩子根据自己的学习特点安排时间才能效率最大化。此外，还应养成妥善利用零碎时间的习惯。

走不出学习的舒适区

不爱学习的孩子大多待在自己的舒适区里不敢前行。例如，当孩子在自己学习的舒适区游走时,他就会感觉自己好像都会了;至于舒适区之外的难题,则以"不敢挑战"为借口,不愿正视自己"根本不会"。面对这类孩子,一定要鼓励他们找到自己的"拉伸区"——孩子会做但特别容易错,或者不会做但稍微努力琢磨一下就能懂的内容。在这一区域努力,才能达到事半功倍的效果。值得一提的是,学习环境过于舒适也不利于良好学习习惯的养成,可以为孩子营造一个和学校类似的环境。

工欲善其事,必先利其器。对于学习,只有让孩子运用适合自己的学习策略,才能在学习中享受更多的成就感和幸福感。因此,在孩子探索适合自己的学习策略时,你可以作为旁观者来指点迷津。通过孩子日常的行为表现,你能够全面了解孩子的学习风格,对于感知觉敏感度不同的孩子,学习策略也会略有不同。比如,视觉型学习者喜欢看书、做笔记、做图表等;听觉型学习者通常喜欢大声朗读、听新闻,表达能力也比较强。你可以帮助孩子有意识地觉察自己的学习风格,缩短其自由探索的时间,精准感知自己的学习风格特点,同时帮助孩子掌握上述学习策略,让孩子在学习的路上幸福前进。

写给孩子的信

亲爱的阳阳：

　　最近家里的便利贴忽然多了起来，镜子上、冰箱上、餐桌旁……我们阳阳何时成为"便利贴女孩"了呀？红色的是数学公式，淡绿色的是英语单词，鹅黄色的是历史名词解释……自从上次期末考试成绩出来之后，我能感觉到你的情绪有些低落。我和你妈妈一直想和你聊聊，但又担心会给你带来压力或烦恼，不如写一张长长的"便利贴"给你吧！

　　阳阳，有关你学习的任何事，我们一般是不太过问的。不是不担心你的学业，而是我们相信你有自己的想法和方法。之前一直建议你向表姐请教学习方法，但是任何方法都不能照抄照搬，只有找到适合自己的，才是最好的。掌握好自己的学习节奏，才能在学习的海洋中自由驾驭迎头巨浪。突然的"用力过猛"可能会让自己后劲儿不足，你要养成间断性学习的习惯。如果成绩不理想，不要一味地拼努力，那是没有智慧的蛮力。努力是学习路上不可或缺的支撑，但不分条件地为了努力而努力，就好像"一拳打在了棉花上"，千钧的力量也不起任何作用。所以，要找到自己的学习模式，才能收获理想的成绩。

还记得王国维先生提出的"治学三境界"吗？我想在这里重新分享给你。

第一境界是"昨夜西风凋碧树，独上高楼，望尽天涯路"。它的意思是说不管读书还是做任何事，都要有自己的目标和方向，并且去执行它，如果只是"空谈"，终究是一场空。所以在学习中，你可以给自己的每一科或是你的成绩排名，设定一个自己蹦一蹦就能够得着的目标。注意，爸爸在这里说的不是第一，而是适合你的学习状态和节奏的成绩，要朝着这个目标前行。

第二个境界是"衣带渐宽终不悔，为伊消得人憔悴"。有了目标，我们当然要付出一些努力，用现在的说法就是"一万小时定律"。这一万小时并非单纯地凑时长，而是要有针对性地练习。具体来说，你要找到你的错题，这种错题是你会做但容易出错的，或是你不会做但通过努力能学会的。着重练习这一类题目，可以避免在已经掌握的知识上空耗时间、虚掷光阴。

第三个境界是"众里寻他千百度，蓦然回首，那人却在灯火阑珊处"。当你已经对自己的目标下足功夫时，仍需要仔细、反复研究，将自己曾经不会、不懂的知识内化于心，达到这一境界时,曾让你畏难的知识点在你眼前是如此的清晰,每道题考查的是什么,也会一目了然。做到这一步,你还会怕吗?

  女儿,纸上得来终觉浅,绝知此事要躬行。学习方法千万条,适合自己最重要。爱学习的孩子也要有会学习的能力,因为爱不只是时间的堆积,更是智慧的积累。

永远支持你的爸爸

感知学习风格量表

该量表以心理学家瑞德（Reid）的《感知学习风格调查量表》（PLSPQ）为基础编写而成。与原问卷相比，在基本结构上没有变动，删去了原问卷中有关个人型和小组型社会学习风格的题目，保留了视觉型、听觉型、动觉型和触觉型4种感知学习风格的相关题目。量表共20题，采用李克特5点记分法，1=完全不符合，2=基本不符合，3=有时符合，4=基本符合，5=非常符合。填写者需要根据个人实际情况勾选符合自己的程度分值。

题目	完全不符合	基本不符合	有时符合	基本符合	非常符合
1. 老师直接口头说出要求时，我理解得更好。	1	2	3	4	5
2. 我更喜欢在汉语课上自由表演或者做活动。	1	2	3	4	5
3. 如果老师把上课内容写在黑板上，我会学得更好。	1	2	3	4	5
4. 当课堂上有人告诉我应该怎么做的时候，我会学得更好。	1	2	3	4	5
5. 如果我参与了课堂活动，就学得更好。	1	2	3	4	5
6. 与读到的内容相比，课上听到的内容更容易记住。	1	2	3	4	5
7. 当我用阅读的方式学习时，更容易记住。	1	2	3	4	5

题目	完全不符合	基本不符合	有时符合	基本符合	非常符合
8. 当我对学到的内容加工、写作时，我学得更好。	1	2	3	4	5
9. 当我能阅读到解释说明、要求类的文字时，我理解得更好。	1	2	3	4	5
10. 当某项学习活动需要动手完成时，我学得更好。	1	2	3	4	5
11. 在课堂上，我喜欢通过做活动、亲身体验的方式学习。	1	2	3	4	5
12. 一边画一边学，我学得更好。	1	2	3	4	5
13. 上课时，通过听老师讲解的方式，我能学得更好。	1	2	3	4	5
14. 当我参与到课堂上的角色扮演等活动中时，我能理解得更好。	1	2	3	4	5
15. 课上听了其他同学的发言，我理解得更好。	1	2	3	4	5
16. 我喜欢动手写、动手制作一些学习道具等来帮助自己记住知识。	1	2	3	4	5
17. 与听别人说相比，通过阅读我能学得更好。	1	2	3	4	5
18. 我喜欢在课堂活动中承担任务、做事情。	1	2	3	4	5
19. 在汉语课上参与相关的活动时，我学得更好。	1	2	3	4	5
20. 相比听课学到的知识，我通过阅读学到的更多。	1	2	3	4	5

结果分析

《视觉型学习风格分量表》包括3、7、9、17、20这5个条目。这些条目反映的是个体学习倾向于视觉学习者，建议使用列表或表格、思维导图来规划学习内容，还可以把看到的或者听到的写下来以便记忆、查看等。

《听觉型学习风格分量表》包括1、4、6、13、15这5个条目。这些条目反映的是个体学习倾向于听觉学习者，这类学习者可使用录音设备学习语言，或通过大声朗读以便自己能听见声音并记忆等方式来学习。

《触觉型学习风格分量表》包括8、10、12、16、18这5个条目。这些条目反映的是个体学习倾向于触觉学习者，建议这类学习者参加能亲自实践的活动，如创建模型等。

《动觉型学习风格分量表》包括2、5、11、14、19这5个条目。这些条目反映的是个体学习倾向于动觉学习者，这类学习者可以参加一些实践类的活动，或者在走路、慢跑或游泳时，在脑海中回顾学习内容等。

怎么面对"不想上学"的孩子？

士不厌学，故能成其圣。

——[春秋]管仲《管子·形势解》

表现：对学习厌烦抵触，感到疲倦，缺乏目标感。

常见指数：★★★★★

影响：谈到学习，很多孩子立马"谈虎色变"，仿佛学习已然成为吞噬他们的"虎豹豺狼"，随时会把他们消耗殆尽。长此以往，这种心理不仅危害孩子的身心健康，还会使孩子在知情意行上与学习渐行渐远。轻则在认知上表现出对学习的厌倦，在情感上消极待之；重则会出现逃学、旷课、离家出走等行为。

"不想上学"的种子在孩子心中悄然发芽,要想将其"连根拔起",不妨先来看看这背后的原因。

我真的不想学了,学了也不会,还不如早点放弃(负性认知)

这种厌学,起因于孩子对自身的学习能力缺乏自信。他们或许并不想放弃,也曾在无数个夜晚奋笔疾书,但是结果不尽如人意,因此打击了他们学习的积极性,进而开始逃避学习。对此,你可能会在第一时间暴跳如雷,担心孩子的前程就此断送。事情刚有个苗头,你却已经"一锤定音"了。此刻,请你按下情绪的"暂停键",做个深呼吸,让自己平静下来,静心分析孩子厌学的真实原因。

看不到学习的"彼岸"

当孩子看不到前进的方向时,容易自暴自弃。比如,班级里可能会有这样一类孩子,平日里他们学习得很认真,但是每次考试的成绩都不理想,慢慢地,他们开始变得自卑,尽管表现得很认真,但心中却开始打退堂鼓,在放弃的边缘徘徊。面对这类孩子,建议你改变"战术",重新设计培养计划,比如,你可以化身"灵魂摆渡人",聆听孩子最近的困惑,帮助孩子厘清现状,找出事倍功半的原因;还可以同孩子一起明确当前的学习目标，制订阶段性学习计划，让他有一个"看得见的未来"。另外，在平时生活中也可以多发掘孩子的优势，唤起孩子学习的动力。

父母"吹毛求疵"

你是不是曾对孩子过于严苛，导致孩子用"躺平"来反抗你的要求？比如，你是否把孩子的一些失误过分概括化：因为孩子的一次粗心，没有考到理想成绩，你就开始反复批评、纠正，过度放大了孩子的小错误。你可能会说"我这么做是为了让你养成良好的学习习惯"，殊不知，"都是为了你好"是把孩子逼到悬崖边缘的助推器。对此，你应该回归到父母这一角色最初的样子——宽容、耐心，允许孩子犯错和自我调整。教育学家杜威说："生长的首要条件是未成熟状态。"意思是说，孩子的生长存在无限可能，你应该让他们自然而然地发展和成长，而不是成为你完成梦想的"工具人"。你可以与孩子来一场"真心话大冒险"的游戏，一起促膝长谈生活中遇到的困难，帮助孩子放松心态，积极应对。

除了成绩，可以多关心一下我的心情吗？（消极情绪）

这种消极情绪多半带有发泄的成分，它源于孩子难以体会到父母真切的爱。是不是孩子考完试回到家，你的第一句话通常是:"今天考得怎么样?什么时候出成绩啊?"每每这时,孩子会应付地答道:"别问了,出来就告诉你了。"这一问一答看似稀松平常,却在悄无声息地消磨着孩子对学习的兴趣。

青春期逆反心理

厌学与孩子的身心发展阶段也是息息相关的。"逆反"是青春期的典型表现,比如,孩子最近莫名的脾气大、易激动,还没等你说几句话,他已经十分不耐烦了。面对这种情况,建议你不要和孩子对立,比谁的嗓门大了。你要知道,青春期的孩子出现这种情况是十分正常的,我们要先将孩子的情绪稳定下来,再和孩子心平气和地沟通。努力做到有效的非暴力沟通,多站在孩子的角度思考问题,你会收到意想不到的效果。

人际关系不融洽

当孩子得不到同龄人的接纳或赞美时,容易对学校生活产生厌恶,对学习充满排斥。比如,孩子因琐事和同学产生矛盾,或者同伴交往出现问题,都会让孩子带着情绪上学,胡思乱想,上课注意力不集中,久而久之,会觉得在学校没什么意思。显然,你要做好孩子情绪的"侦察兵",及时发现孩子情绪上的风吹草动。不妨准备一些情绪小贴纸,让孩子及时表达自己的情绪,随后你可以抓住契机,询问孩子是否需要帮助。如果孩子愿与你吐露心声,你可以适当点拨一二;但如果孩子不愿与你倾诉，你也不要过多询问，可以写一封信表示你一直和他一个阵营，让孩子感受到你的关怀和温暖。

学习没什么意思，不想去上学（行为表现）

这种行为的产生是因为孩子一直以来积压的情绪没有得到释放，待积累到一定程度，孩子开始通过行动来表达自己。他们很可能直接"躺平"，甚至沉迷于游戏世界，置学习于不顾。此时，切勿大发雷霆，那样只会牵一发而动全身，明智的做法是搞清楚孩子为什么不想上学了。

"游戏带给我快乐"

很多对学习不感兴趣的孩子，往往对游戏情有独钟。在现实生活中体验不到的乐趣、成就感以及被接纳、被喜欢的感觉，在游戏中得到了满足，而这颇有些饮鸩止渴的意味。我们回顾一下会发现，孩子是在向你发出求助信号。试想一下，如果没有游戏，孩子是否会选择其他方式来逃避呢？当孩子开始为游戏着迷，先别急于一下子把孩子从游戏的阵地拉回来，你可以尝试陪孩子一起玩游戏，在可以和他深入交流时，询问孩子最近是否遇到了无法言说的困难。与孩子心与心地沟通，才能让孩子毫无戒备地对你敞开心扉。找到了问题之症，方可对症下药。建立小步子目标，帮助孩子把大问题化解成一个个可以解决的小问题，每解决一个小问题，孩子的自信心也就增强了一些。

"父母的紧张关系让我苦恼"

当夫妻关系出现裂痕时，孩子能很快意识到不对劲。比如，有些孩子不是不想学习，恰恰相反，他们可能是为了修复爸爸、妈妈之间的关系才表现出不想学习的行为，试图引起家长的注意，缓和家庭氛围。孩子是在用自己的方式表达对父母的爱。此时，你可以反思一下，和另一半的相处模式是否存在问题，如果有，要先着手处理自己的问题，不能因为忙而搁置，到头来让孩子"力挽狂澜"。你们可以组织家庭聚会，参加亲子活动，让孩子感受到你们的爱。家中充满爱，这份爱会成为孩子学习的动力。

从心理学的视角可以看出，从最初的负性认知到产生消极情绪，再到表现出不良行为，厌学问题是逐步产生的，其发展过程是从隐性到显性的。因此，在日常生活中，你要学着让自己的"嗅觉"更灵敏，当孩子出现"不想学习，学了也不会"的负性想法时，你要尽快有所应对。你也可以使用后文的《青少年学习倦怠量表》来了解孩子当前的厌学状态，及时提供帮助，和孩子一起面对成长的挑战，一起解决学习中的问题。

写给孩子的信

亲爱的悦儿：

  我最近时常想，曾几何时，我对你的问候总是以"你最近学得怎么样"开始，这是否会让你倍感压力？我不经意间说出的"你王阿姨家的孩子考上了省重点，以后肯定错不了"，是否会让你不知所措，以为自己比别人差？我也在想，你独处时是否会一遍遍地质问自己："我是不是还不够好，不够努力？"社会竞争是激烈的，我无心的话语只是在表达我内心隐隐的担忧，并无责备之意。孩子，妈妈并不想给你过多压力，只想让你能够开心地度过自己的人生。

  "不想学习""再玩会游戏不行吗"，我时常听到你有意无意地这样抱怨，我不知道你是否遇到了什么难题，如果你方便，我们可以共同探讨，渡过难关。谈到学习，不仅是你，也是我一直研究的课题。我也会被生活中新出现的知识难住，有时我也想过放弃：算了，一把年纪还学什么，交给年轻人去做吧。但生活就是这样，当你胆小退缩时，它就"波涛汹涌"；当你迎难而上时，它就"不敢造次"。学习也是一样，当你觉得学不懂，不再学时，仿佛所有的公式定理、文言文等都来与你作对。那时你一定很难过吧？

孩子，请不要怀疑自己，这种感受我也曾不止一次地经历过。我感受过被新知识压得"喘不上气来"的压力，但与其步履蹒跚，不如破釜沉舟。压垮你的"最后一根稻草"从不是知识，而是我们对待它的态度。妈妈告诉你，我的学习小妙招是"取大化小"，用数学的术语说，叫"因式分解"。将令你苦恼的、感到压力的知识分解成一个个小的方面，不会什么，我们就专攻什么。比如，我们可以买一个你喜欢的小便笺本，我们可以利用坐车等碎片时间，在便笺纸上写下一道自己不会做的题目，或是没背下来的公式，长此以往，你会发现自己的进步。

亲爱的孩子，"不会学，不想学"这并不是丢人的事。如果需要，在学习上，我们可以互相交流心得。除了在家庭聚会上畅谈，妈妈还想把冰箱变为"家庭留言板"，我们把各自对于学习、生活的想法随时记录下来，贴在冰箱上。在无声无息间，我们会更为平等地了解彼此。

悦儿，我们也是第一次为人父母，在这个过程中难免会出现一些问题。如果哪里让你感觉不舒服，你就提出来，我们一起"头脑风暴"，碰撞出一个新的火花，共同开拓出新的"养成模式"！此外，当生活压得你喘不过气的时候，记得给自己一点掌声，自我鼓励是陪伴你一生的强大动力。就像电影里的克里斯·加德纳一样，他不知道何时会成功，但只要他坚持到底，幸福总会来敲门！

爱你的妈妈

青少年学习倦怠量表

　　《青少年学习倦怠量表》由吴艳、戴晓阳等人于2010年编制，该量表共16道题目，包括身心耗竭、学业疏离和低成就感3个维度，可对青少年的学习倦怠情况进行评估。本量表采用5点计分法，"很不符合"计1分，"不太符合"计2分，"不太确定"计3分，"有点符合"计4分，"非常符合"计5分。个别项目以反向计分方式计分，这类条目需要做分数转换处理。例如，选择"5（非常符合）"，在实际计分时，应换算为1分；同理，选择"1（很不符合）"，计5分。各维度的总分越高，学习倦怠程度呈上升趋势增加，分数水平的高低正向影响学业倦怠水平。

　　该量表答案无对错和好坏之分，请在与自身实际情况相符合的选项内画"√"。请真实作答，不要有遗漏。如果不太清楚，请合理推测后作答，每题只选一项。请让填写者在不知道评分标准的情况下作答。

题目	很不符合	不太符合	不太确定	有点符合	非常符合
1. 我能够精力充沛地投入学习。	1	2	3	4	5
2. 最近感到心里很空，不知道该干什么。	1	2	3	4	5
3. 我学习太差了，真想放弃。	1	2	3	4	5
4. 我能够经常达成自己的目标。	1	2	3	4	5
5. 一天的学习结束了，我感觉到疲劳至极。	1	2	3	4	5
6. 我觉得自己反正不懂，学不学都无所谓。	1	2	3	4	5
7. 学习时，我会忘记周围的一切。	1	2	3	4	5
8. 最近一段时间，我常常感觉到筋疲力尽。	1	2	3	4	5
9. 在学习方面，我体会不到成就感。	1	2	3	4	5
10. 我觉得学习对我没有意义。	1	2	3	4	5
11. 我能够很好地应付考试。	1	2	3	4	5
12. 在学校，我经常感到筋疲力尽。	1	2	3	4	5
13. 我抱着玩世不恭的态度学习。	1	2	3	4	5
14. 我能有效地解决自己在学习中出现的问题。	1	2	3	4	5
15. 我总是能够轻松应付学习中的问题。	1	2	3	4	5
16. 我很容易掌握所学知识。	1	2	3	4	5

结果分析

《身心耗竭分量表》包括2、5、8、12这4个条目。这些条目反映的是个体在学习后的感受，以及由于学习而导致的耗竭、疲劳状况。

《学业疏离分量表》包括3、6、9、10、13这5个条目。这些条目反映了个体对学习的一种负面的态度。

《低成就感分量表》包括1、4、7、11、14、15、16这7个条目。这些条目反映了个体在学习方面比较低的个人成就感。

反向记分条目为1、4、7、14、15、16，共6个。

所有16个条目得分之和即为该量表的总分，反映了被测者学习倦怠的总体状况。总分数越高，代表总体的学习倦怠水平越高。

怎么引导孩子正确看待成绩排名？

> 凡是长时间勉强学习的人，都会以相应的饥渴和急迫去忘却。
>
> ——[英]赫兹里特

表现：过分在意成绩高低、排名先后，总想强过别人。

常见指数：★ ★ ★ ★

影响：孩子一味地盯着名次看，反而会弄巧成拙，不仅不容易拿高分，还会对自己过分苛刻，稍有失误就难以接受。短期内，孩子的心理很容易逐渐脆弱，进而产生自卑、考试焦虑、厌学等畏难情绪。长此以往，如果兴趣点仅停留在竞争的快乐上，会整日活在外界评价中，担心别人比自己强，滋生争强好胜、嫉妒、虚荣的心理，人际关系变得紧张。

当成绩排名"重于泰山"时,如何让孩子身上的担子"轻如鸿毛"呢?

内部评价系统的隐性失调

被放大的不合理信念

过分重视成绩排名可能与孩子的某些不合理信念有关。心理学将不合理信念概括为"个体内心中不现实的、不合逻辑的、站不住脚的信念",即那些绝对化的、过度概括化的、极端化的思想认识。例如,有些孩子常在想法中植入"必须""应该"这类字眼——"我必须比别人强,这样才快乐,否则就痛苦";再如,有的孩子在一次考试失利后,就认为自己"一无是处""是废物",完全忽略了以往的成绩,也不分析考试失利的主客观原因;还有一些孩子认为失败是件糟糕至极的事情,在经历一次考试失败后就觉得自己的人生将会黯淡无光。以上种种造成了某种共同的局面:不管大考小考都不允许有闪失。然而,这种极端的想法容易使他们偏执地热衷于成绩比较,这样不仅无助于成绩的提高,还会陷入悲观、绝望的负性情绪中,影响学习和生活。

对于上述问题,合理情绪疗法(情绪ABC理论)可以有效解决。

A表示诱发性事件，B表示个体针对此诱发性事件产生的一些信念，即对这件事的一些看法、解释。C表示自己产生的情绪和行为的结果。通常来说，人们会认为诱发事件A直接导致了人的情绪和行为结果C，发生了什么事就引起了什么情绪体验。然而，你有没有发现，对于同样一件事，不同的人会产生不同的情绪体验。同样是考试失利，有的人泰然处之，有的人却伤心欲绝，这是为什么呢？这就是A与C之间的B在起作用。不同的B带来的C大相径庭。前者可能认为这次考试只是尝试的机会，考得不好还有机会从头再来；后者可能觉得这是背水一战，不能失败。

这样讲，你可能依然一知半解。那让我们来想象这样的场景：两个人一起在街上闲逛，迎面碰到他们的领导，但对方没有与他们打招呼，径直走过去了。对此，其中一人内心独白：领导可能正在想别的事情，没有注意到我们；即使是看到我们没理睬，也可能有什么特殊原因。另一个人却可能有不同的想法：是不是上次讨论问题的时候，我的语气太急让他气恼了？我以后得注意点了！发现了吗？后面这种想法完全是一种基于主观的假设，并没有事实依据能够印证。对此，在考试成绩上，要积极引导孩子别总揪着不合理的看法、信念（B）不放，要学会客观地看待考试挫折与自身能力，割舍掉不合理的信念。

太阳还会升起，日子还会继续，道路还在远方。

根深蒂固的"能力实体观"

心理学家德维克认为，人们对能力持有不同的观念。

一些人持"能力增长观"，他们认为能力是不稳定的，可以通过学习得到增长。持这种观点的孩子在学习上倾向于建立"掌握目标"，他们在学习中关心的是自己是否掌握了知识以及自己的能力是否得到了提升，因此他们不畏惧失败，认为失败只是走向成功的必经之路。

相反，另一些人持"能力实体观"，他们认为能力是稳定的、不可改变的，持这种观点的孩子在学习上倾向于建立"成绩目标"，他们在学习时关心的是自己是否比他人表现得更好，能否向其他人证明自己的能力，因此他们非常害怕失败，也难以接受失败，认为失败就是无能的表现。如果你的孩子恰好是这种情况，你就需要动动脑筋，帮助孩子树立正确的学习观，如积极引导孩子设立更为充实的学习目标等。要让孩子明白，学习不是为了一张优秀的成绩单，更要注重学习内容的价值和意义，淡化分数和其他奖励。家长要引导孩子懂得，在生活中，你越看重的事情，往往越不容易得到理想的结果；如果转而更多地关注过程，那么，好的结果自然就来了。

外部评价系统的显性刺激

"排名"为导向的奖惩办法

孩子过分执拗于成绩排名,大多是因为家长对孩子进行了不恰当的奖罚。比如,考好了,孩子会得到很大的奖励,在其他方面,无论孩子做得多好,也得不到这种奖励;如果考砸了,还会受到惩罚。这种完全以考试成绩为标准的单一奖罚办法,很容易催生孩子的"排名瘾"。这是因为大脑有一个快乐中枢,如果它频繁地接受单一来源的刺激,那么大脑就会"爱"上这个刺激办法,无论多么危险,仍然会乐此不疲。心理学家做过试验,用较轻的电击刺激小白鼠的快乐中枢,然后让小白鼠学会控制这个电击的办法。之后,小白鼠不再做其他事情,只是一遍又一遍地用电来麻痹自己,至死方休。完全以成绩为取向的奖惩办法,和心理学家对小白鼠的电击实验颇为相似。对此,建议你改变奖惩方式,别过分看重成绩。不必非得给予孩子很大的奖励,因为成绩好本身就是一种奖励,这是对孩子学习能力的认可;也不要一味苛责,多些包容与理解,成绩不理想自然会成为一种鞭策,会督促孩子查漏补缺,迎头赶上。

父母有条件的积极关注

很多家长都忽略了一点:孩子最在乎的其实不是学习,而是爱。学生与教师的关系，核心是学习，而亲子关系的核心则是爱。但事实上，自孩子踏入校门开始，学习与爱便混淆了。有的父母只在孩子满足了他们的期望时才会爱孩子。当父母对孩子的行为不满意时，他们就会收回付出的爱。于是，孩子们逐渐懂得，只有做到了父母想让他们做的事情，才能得到父母的爱。这就是心理学家罗杰斯谈到的"父母有条件积极关注"。

父母的一些做法着实欠妥：孩子考得好就万事大吉，什么样的奖励要求都会答应；一旦考不好，"新仇旧账"一起算，家庭氛围立马火药味十足。孩子最好表现得乖一点，因为一旦被抓到什么"把柄"，紧接着又是一连串的批评甚至责骂。我们在用实际行动教会孩子：学习这件事和自己关系不大，却是决定父母情绪的"神器"。有的家长还会天真地认为，爱孩子的方式就是让孩子好好学习，慢慢地，孩子会认为成绩与爱是画等号的，只有学习好，才能赢得父母的爱——"我只有取得好成绩，父母才会夸我""只有我学习好，父母才会给我好脸色"。要改变这种情况，最好的方式就是放松心态，不要过于在意孩子的成绩，尤其是在家长会上，切勿围在老师身边忧心忡忡地对孩子的分数追问不停。要知道，排名只是件寻常事，只是学习的附加品，适当松开手，才能让孩子走得更稳、更远。

夸奖也是一种隐形暴力

很多先进的育儿理念都告诉我们,"孩子需要鼓励""好孩子是夸出来的"。凡事过犹不及,掌握不好夸奖的尺度,也会引发问题。试想一下,我们的夸奖是出于真心,还是对孩子的变相控制?是奖励了孩子,还是剥夺了孩子的快乐?很显然,空洞的夸奖不但给不了孩子任何力量,还会让孩子变得浮夸、麻木、举步维艰。

心理学家阿德勒说:"每个孩子都有追求卓越的动力。"孩子真正需要的,也许不是夸奖,而是"看见"。睿智的你在面对孩子时,要学会将结果与价值分离,例如,孩子数学考了一百分,你可以说:"一百分,很难呢,你是怎么做到的?"或许孩子会滔滔不绝地讲起"怎样认真听讲,怎样记笔记,用什么方法复习",接着,你再同他一起分析,这些好的学习习惯是如何助力学业进步的。在孩子取得成绩时,别只盯着分数,而是要看到孩子在这个过程中产生的价值。同样,当孩子偶遇困境时,要用"看见"和"理解"积极反馈。不妨温柔地俯身说一句:"我知道做一个小孩子有多难。"没有责备,没有评价,也没有鼓励,只是传达了理解和共鸣,却给人消融一切无助、恐惧和悲伤的力量。其实,孩子也和我们一样有着"自知之明",他们知道能力有限,渴望有人倾听与支持。"捧上天"般的夸奖恰似枷锁将他们束缚在地上，没有明确指向的表扬让他们画地为牢，无力前行。当孩子总是被无条件接纳、理解时，他们才像是穿上了铠甲，才能真正激发出心底的力量。

没有纯粹的内部评价系统，也没有纯粹的外部评价系统，关键是在你的动力系统中，哪个占据主导？成也好，败也罢，如何找原因至关重要（心理学上称为"归因"）。心理学家韦纳认为，能力、努力、任务难度和运气是人们在解释成功或失败时知觉到的最主要原因。其中，"能力"是稳定、不可控的内部归因；"努力"是不稳定、可控的内部归因；"任务难度"是稳定、不可控的外部归因，"运气"是不稳定、不可控的外部归因。当个体把成败归因于稳定的、不可控的内部因素（归为能力）时，就会与"胜不骄，败不馁"相背离。反观，当个体把得失归因为不稳定、可控的内部因素（归为努力）时，就会在成功时泰然处之，在失败时准备东山再起。作为家长的你，一方面要树立正确的考试观，明白分数只是一时之得，且很多因素会影响考试成绩，要从一生的成长目标来看，如果最后没有形成健康成熟的人格，这样的教育便是不合格的；另一方面要引导孩子进行正确的归因，将成败多归于努力，少归于能力。表扬时亦是如此，多表扬努力，少表扬能力，切记不要将行为者与行为分开。

给孩子的一封信

俊禾：

爸爸现在跟你说的这些话，只是我此刻的想法而已。虽说爸爸已是个成年人，却不敢说我现在的想法一定正确，你可以随着自己的成长来修正它们。但你即将步入初二，这些话我确实不吐不快。

不要争第一，把追逐第一名的精力用在发展其他兴趣、能力上，会更有意义。

关于你的学习成绩，我从来不做过多要求，只要不太差就好。这只是因为，成绩过于糟糕，在学校里可能会受到鄙视，我担心你承受不起这样的自卑。大人们常对比孩子就读的学校的好坏，常对比孩子在班级中的分数和名次，我担心大人们的这些坏习惯会在不知不觉中影响到你。

你只需记住，人生不是竞技，不必把"撞线"当成最大的光荣。当了第一的人也许很脆弱，品尝过了众人之上的滋味，如再有下落，感受到的可能就是悲凉。生命的每个阶段，总有各种"第一"诱惑着你，人生若被"永远争第一"牢牢锁定，鲜活的人生就变成了劳役。

然而，站在第一位置上的人不一定是胜者，"第一"可以带来一时的风光，换不来一世的顺畅。何必把争来的第一当成生命的奖杯？争第一的人，眼睛总是盯着对手、盯着成绩，为了得到第一，他们忽略了很多生活中的美好，错过了不少新鲜有趣的人生体验，甚至受到误解和伤害，这何尝不是一种得不偿失？我们每一个人，只不过在和自己赛跑，在那条长长的人生路上，追求"更好"强过追求"最好"。

得与失，都不过是一时的际遇，对结果的过分执着正是对"命运"最大的误解。爸爸希望你能学会调整情绪，"不要在狂喜中忘记来路，更不要在悲伤中放弃前行"。优秀与及格，我更愿意选择及格。及格代表着拥有发掘更多精彩的可能性。不要轻视"及格"，它恰似一种认可，认可你是一块合格的"画布"，等待这个世界为你添上无尽的色彩。

努力是一种人生态度，也是避免虚度此生的精神力量，但不一定非得干出什么结果才算努力。坦白说，爸爸也并不想做一个对你寄予厚望的家长，这不是忽视你，也不是不信任你的能力，而是担心过多的关心反而会带给你压力与伤害。爸爸和妈妈会永远爱护你，这和你是不是"第一"没有什么关系。

心胸坦荡、温暖平静，这样的你，会活得非常快乐。即使偶尔失利也不必难过,"山登绝顶我为峰"本就世间罕有,平平稳稳踏出的脚印才能永存。孩子,你要记得,这世间有一种"不凡",就叫"平凡"。

语重心长的爸爸

中学生学业社会比较问卷

问卷由徐晓飞编制,采用5点计分,共有38道题,分为社会比较取向、比较方式、比较结果3个维度。"比较取向"维度上,分值越高,代表个体进行学业比较的频率越高;"比较方式"维度意在分析个体倾向于向上比较、平行比较还是向下比较;"比较结果"维度上,如果自我贬低分数高,说明比较后进行自我贬低的倾向较高,反之说明比较后进行自我完善的倾向较高。

问卷中的问题没有标准答案,也无所谓对错和好坏之分,请一定根据自己的实际情况和真实感受回答每一个问题。表格中,1=完全符合,2=比较符合,3=不确定,4=比较不符合,5=完全不符合,请在对应处画"√"。请让填写者在不知道评分标准的前提下作答。

题目	完全符合	比较符合	不确定	比较不符合	完全不符合
1. 我经常想知道其他同学的学习质量。	1	2	3	4	5
2. 在学业上，我会与学习比我好的同学相比较。	1	2	3	4	5
3. 我会与学习和我差不多的同学比较谁学习用功。	1	2	3	4	5
4. 当我想了解自己的学业时，我会与学习不如我的同学相比较。	1	2	3	4	5
5. 与同学的比较能变成我学习的动力。	1	2	3	4	5
6. 我经常想知道其他同学做题的正确率。	1	2	3	4	5
7. 当我想了解自己的学业时，我会与学习比我好的同学相比较。	1	2	3	4	5
8. 当学习遇到不顺时，我会想想那些学习和我差不多的同学。	1	2	3	4	5
9. 我喜欢和学习比我差的同学比较学习成绩。	1	2	3	4	5
10. 与同学的比较使我感觉自己不适合读书。	1	2	3	4	5
11. 我经常想知道其他同学的做题速度。	1	2	3	4	5
12. 我喜欢和学习比我好的同学比学习成绩。	1	2	3	4	5
13. 当我想了解自己的学业时，我会与学习和我差不多的同学相比较。	1	2	3	4	5
14. 我会与学习比我差的同学比谁更用功。	1	2	3	4	5

题目	完全符合	比较符合	不确定	比较不符合	完全不符合
15. 与同学比较学习后，我感到很沮丧。	1	2	3	4	5
16. 与同学比较学习后，我觉得自己很笨。	1	2	3	4	5
17. 考完试我经常想知道其他同学的成绩。	1	2	3	4	5
18. 我会与学习比我好的同学比较谁学习用功。	1	2	3	4	5
19. 当我就学业进行自我评价时，会与学习和我差不多的同学相比较。	1	2	3	4	5
20. 与同学的比较能激发我向上学习。	1	2	3	4	5
21. 与同学比学习，我感到难过。	1	2	3	4	5
22. 考完试，我经常想知道其他同学的名次。	1	2	3	4	5
23. 当学习遇到不顺时，我会想想那些比我学得好的同学。	1	2	3	4	5
24. 当对学习进行自我评价时，我会与学习不如我的同学相比较。	1	2	3	4	5
25. 与同学比学习，我感到很自卑。	1	2	3	4	5
26. 在学业上，会与学习和我差不多的同学相比较。	1	2	3	4	5
27. 我喜欢和学习比我差的同学比学习效率。	1	2	3	4	5
28. 与同学的比较能使我完善自己的学习。	1	2	3	4	5

题目	完全符合	比较符合	不确定	比较不符合	完全不符合
29. 在做题时,我经常想知道其他同学用什么简便方法。	1	2	3	4	5
30. 当对学业进行自我评价时,会与学习比我好的同学相比较。	1	2	3	4	5
31. 我喜欢与学习和我差不多的同学比学习成绩。	1	2	3	4	5
32. 在学业上,会与学习不如我的同学相比较。	1	2	3	4	5
33. 与同学比学习,使我感觉自己学得不如同学好。	1	2	3	4	5
34. 我喜欢和学习比我好的同学比学习效率。	1	2	3	4	5
35. 我喜欢和学习和我差不多的同学比学习效率。	1	2	3	4	5
36. 与同学比较学习后,我感觉打击到我的自信心了。	1	2	3	4	5
37. 与同学的比较能使我找到学习的榜样。	1	2	3	4	5
38. 与同学比较学习后,会使我想到放弃。	1	2	3	4	5

结果分析

比较取向维度

1、6、11、17、22、29题，测试你是否喜欢用学业社会比较来评价自己，分数越高说明你进行学业社会比较的频率越高。

比较方式维度

上行比较：2、7、12、18、23、30、34题，测试你是否倾向于和综合学习水平比自己好的人相比较。

平行比较：3、8、13、19、26、31、35题，测试你是否倾向于和综合学习水平与自己相似的人相比较。

下行比较：4、9、14、24、27、32题，测试你是否倾向于和综合学习水平不如自己的人相比较。

比较结果维度

自我贬低：10、15、16、21、25、33、36、38题，测试你是否在学业社会比较中贬低自我。

自我完善：5、20、28、37题，测试你是否通过学业社会比较去完善自我。

怎么提升孩子学习的内驱力？

知之者不如好之者，好之者不如乐之者。

——[春秋]孔子《论语·雍也》

表现："心不在焉，视而不见，听而不闻，食而不知其味。"

常见指数：★ ★ ★ ★ ★

影响：内驱力犹如一台发动机，若是驱动力不足，机器就无法正常运转。孩子学习亦如机器转动的原理，对没有内在学习动力的孩子而言，奖励和惩罚均无济于事。

孩子为什么不愿意学习呢？我们不妨拿起瞭望孩子世界的"长镜头"；透过镜头，我们会看到不同的景象，这些景象就是孩子不爱学习的答案。有了答案，办法也就随之而来了。

镜头一：我很想学习，但做不到啊
（认知内驱力）

认知内驱力缺乏来自孩子自身的文化基础较差，知识的理解力不足，学习迁移能力有限，呈现出"破罐子破摔""我实在做不到"的状态（心理学称这种状态为"习得性无助"，即后天由于经常失败而对自身感觉无望和无可奈何的行为、心理状态）。对此，你可能会大发雷霆，然而，一味地指责和说教很可能适得其反，会加剧孩子对学习的抵触。你不妨先静下心来，和孩子站在同一战线，做到知己知彼，方能"百战不殆"。

父母的"超限效应"

有时，你会不会对孩子过于严格？那时的你只会挑毛病，对孩子的进步和优点选择性屏蔽，导致孩子内心的负能量不断堆积，最终爆发。比如，一向徘徊在及格线边缘的孩子某一次考试直冲八十分，你并没有予以肯定，却反复念叨着别人家的孩子考了九十分。孩子满心期待，换来的却是你的不满意。对此，你要适当降低期待，与孩子来一场"真心交流畅谈会"，多听听孩子的真实感受，也多反思自己的所作所为，同时，要记录孩子在学习、生活中的进步，做到及时给予孩子正向反馈，让孩子在不断的鼓励中成长起来。

学习知识太难了

有些孩子也很想好好学习，但学习是存在一定难度的事情。在知识加速迭代的今天，他们无法迅速在知识浪潮中站稳脚跟，缺少理解、吸收知识的能力使他们对学习产生退缩情绪，陷入"想学与怕学"的矛盾境地，这属于典型的"心有余而力不足"。对于这类孩子，你需要和孩子一同分析，找到孩子学习上的"优势、劣势"；不妨做一个表格，针对劣势"层层击破"，以此来增强孩子在学习上的自信心。

镜头二：依靠提高学习成绩证明自己
（自我提高内驱力）

自我提高内驱力主要表现为：孩子想通过获得好成绩来提高自己在家庭和学校中的地位，孩子渴望通过学习成绩证明自己、赢得尊重。可跋涉在学习路上的孩子们，又有多少能真的做到得心应手呢？当他们被考试成绩所困，莫名的患得患失感会游走于他们的自我价值与现实状态之间，甚至将他们的内心一分为二。

错误地建立了"摸不着"的目标

目标是行为的目的地,它指引着行为的方向。有一类孩子喜欢对自己"高目标,严要求",却又免不了虎头蛇尾,只凭三分钟热度,难有一颗持之以恒之心。对此,你要帮助孩子建立"跳一跳,摸得着"的学习目标(心理学称为"最近发展区",即通过努力能够达到的学习境地),触手可得的目标缺乏挑战性,容易满足孩子的虚荣心;高不可攀的目标又使孩子望而却步;只有目标适度,孩子才会动力满满。你可以和孩子一同商谈,将孩子的远大理想拆解成一个个"通关小目标",让他们既有"过关斩将"的快感,又能脚踏实地朝着最终目标迈进。

父母过于"能干"

是不是你也有这样的时刻:把孩子遇到的所有困难变成自己的困难,遮风挡雨不在话下,甚至恨不得事事代劳、亲力亲为。比如,为了不耽误孩子学习,衣服你全都洗,家务你全包揽……你以为挡住了生活的琐事就是为孩子的成长"减负",实则将孩子推向了"不能自理"的深渊。对此,建议你立即"退居二线",把孩子力所能及的事情还给孩子,让他自己去做,这样既能培养孩子独立的个性品质,也能培养孩子的责任感。

镜头三：永远看着"别人家的孩子"
（附属内驱力）

不论在家里还是在班级中，孩子们常能听到的话，莫过于"你看看别人家的孩子；你们看看其他班的同学"，这类孩子生活在"别人家的孩子"的阴影中，承受着责备多于掌声、惩罚多于赏识的压力，缺乏赞许与认同感，使得他们陷入"行为的怪圈"。

父母对学习"过度焦虑"

你是否也会随时变身为"监考老师"，在家中巡查孩子成绩下降的蛛丝马迹？比如，孩子学了一会儿，就去找零食或借口去洗手间，学习时间不断被琐事打断。你认为正是这种三心二意的学习态度导致成绩下降。你可能有所不知，在你的过度关注下，孩子的内心也随之焦虑不安，他不知你为何忽然如此敏感，以至于将生活中正常的行为都视为反常。如果你发现这种情况与你家的情况如出一辙，那么请你警惕起来，这可能是孩子成绩出现"滑铁卢"的前兆。此时，你要收起自己的锋芒和只计较眼前片刻的短视，对孩子的表现及时给予正向反馈，同时和孩子一起做好学习规划，劳逸结合；还可以策划一些亲子活动，如野餐、参观科技馆等。

孩子自身是"敏感体"

有一类孩子比较敏感，不自信。他们在自己的世界里淡化了自身的优点，强化了自身的缺点。比如，孩子已经考了班级第一名却还是不开心，觉得自己在全年级还不够拔尖，体验不到成功的喜悦。或许你对他的表现已经很知足了，但是天生敏感的他们就是跟自己过不去，让自己一直处于"低气压"的状态。在这种情况下，你要及时发觉孩子释放的信号，引导其适当放松，可以和孩子一起运动、冥想等，让些许的放松成为正向引导，让孩子的内心更有力量。

面对比较敏感的孩子，你还要适当地规定孩子的学习时间和休息娱乐时间。比如，和孩子一起制订"每周亲子日"的活动、假期旅行计划等，在活动中注意多和孩子敞开心扉地沟通，滋润孩子的身心，让他们更有力量面对自己的压力。

写到这里，我们不妨了解一下心理学家奥苏贝尔关于学习内驱力的观点，这有助于你了解内驱力与学习的关系。奥苏贝尔认为，学习内驱力包括认知内驱力、自我提高内驱力以及附属内驱力。在学习过程中，以认知内驱力为主导的孩子，学习兴趣浓厚，对于学习总是保持着好奇心，能根据自己的兴趣去解决问题；以自我提高内驱力为主导的孩子，学习是以赢得班级的地位为目的；而以附属内驱力为主导的孩子，学习更多的是为了得到家长、老师的认可和夸奖。

在中学阶段，这三类孩子的学业成就会有比较明显的变化：以自我提高内驱力和认知内驱力为主导的孩子，学习能力逐渐增强；而以附属内驱力为主导的孩子，学习能力相对减弱。因此，你一定要善于观察，通过与孩子畅谈，了解孩子学习的目的，掌握孩子学习内驱力的具体类型，这样才好因材施教。对于"认知内驱力"型的孩子，你可以以激发孩子的求知欲为主，明确学习的目的和意义为辅，带领孩子探索更多的新鲜事物，激发孩子学习探索的热情，比如多问孩子"为什么"，给孩子思考和成长的空间；对于"自我提高内驱力"型的孩子，你可以建议孩子设定一些小目标，一个个去挑战完成，这样可以提高孩子的成就感；对于"附属内驱力"型的孩子，你要做好及时给予孩子正强化的准备，比如孩子今天帮助同学打扫班级卫生，你要对孩子的表现进行有针对性的表扬，可以说"孩子，你很有责任感"，避免泛泛夸奖孩子"你真棒"等，这样可以强化孩子的荣誉感和责任心，使孩子健康成长。

写给孩子的信

亲爱的秋儿：

今天下午，你的班主任老师找我谈了一下你最近的学习情况，我了解到，你最近的学习状态欠佳，上课会不时地"溜号"，不知在想些什么。其他任课教师也谈到，你的成绩急速"滑坡"，这让他们很费解。秋儿，我知道你的内心一定也很煎熬、难过，你一定很害怕和我说这件事。也许你现在正在房间中忐忑不安地等待着我的回应，想象着我会不会怒火中烧地闯进你的房间，劈头盖脸地一通责备……今天，我希望我们可以换一种方式沟通，可以坐下来一起聊一聊你的困惑。

孩子，你的感受我都懂，因为我也曾经历过这个阶段，走得步履蹒跚、磕磕绊绊。最近，我能感受到你放学回家后的疲惫和小情绪。如果最近一段时间里，你能觉察到自己对于学习的兴趣像"过山车"，忽上忽下，你就需要重视起来了，因为你有可能掉入了学习的"陷阱"，慢慢地，迷茫无助会淹没你的斗志。你可能会心生困惑，不知道为什么要学习，成绩进步是为了什么，学习的终点到底是什么，漫无目的地重复着每天的生活，学习变得乏味，甚至让人产生自暴自弃、想一走了之的想法。如果妈妈恰好都说中了，那就请你先不要着急焦虑，听我说一句：提升成绩固然重要，但你首先要知道自己的学习内驱力在何方。

你可以静静地思考一下，自己是为了什么而学习呢？是书本中的知识让你无比兴奋，想汲取更多的知识养分，与更多的智者神交，还是你想通过自己的成绩，获得在班级中的地位（比如学习组长等职务）？抑或你想得到我和爸爸的认可或者老师的表扬？你可以给自己一段时间沉淀一下，觉察自己真正的学习内驱力。如果你已经觉察到了自己的学习内驱力，你可以坦然地面对它，充分调动自己的内驱力的"核心系统"。

亲爱的秋儿，我知道提升学习内驱力并非易事，现在你一定很难过，但你要明白，学习真的是为了爸爸、妈妈吗？并不是。我们只是希望，当你在未来的道路上面临选择的时候，可以多一些选项，拥有更多定义自己人生的机会。听到这里，你应该能理解我们的初衷：未来是你的，那是你期待着去守护的世界。你会成为自己的超级英雄，拥有智慧与勇气。我相信，每当挑战来临，你总会有自己的妙计，总会有盟友和你一起并肩作战，当然，我们也是你的盟友之一。所以，请穿好你的"铠甲"，让我们一起出发，战胜当前的困难！

此时此刻，你可以拿出纸笔，梳理一下最近最困扰你的问题，列出这些问题的紧急以及重要程度，看看"紧急重要""紧急不重要""不紧急重要""不紧急不重要"的事情分别是什么。待你梳理完毕，下一步我们就摇身一变，变成一位"医生"，开始根据"病情"的严重程度"诊治"每一个问题。妈妈相信你，你一定可以自己做出诊断，找到问题的原因，对症下"药"。此外，如果你遇到棘手的"疑难杂症"，你也可以向我们或是老师、朋友们发起"场外援助"，我们都会全力以赴，助你渡过难关！

成长的过程充满了可能性，但唯有你去选择的那个"可能"，才是真实的、属于你的未来。尽情去做吧，孩子，能让你的小宇宙燃烧的一定是你赋予自己的力量。驱动力一旦燃烧起来，兴趣和勇气会让你在万千可能中看到最坚定的一种。相信自己，坚定信念，我们永远与你同一阵营！

爱你的妈妈

怎么让孩子告别"低头族"？

> 要解放孩子的头脑、双手、双脚、空间、时间，使他们充分得到自由的生活，从自由的生活中得到真正的教育。
>
> ——陶行知

表现：世界上最遥远的距离，不是天涯与海角的相隔，而是我在对面凝视你，你却低头看手机。

常见指数：★ ★ ★ ★ ★

影响："低头"的危害不容小觑，它使得孩子们如同断了线的风筝，逐渐迷失自我，情绪烦躁不安，兴趣不再广泛，意志力减退，进而患得患失，与周围的人渐行渐远，鲜活的现实世界仿若"天涯海角"。

要想让孩子像风筝一样飞得高远,就要帮助孩子厘清他和手机的关系。

"低头"是因为它能为我开启新世界的大门
(认知的依赖性)

这种"低头"是基于孩子的认知,原本只是通信工具的手机在他们眼中仿佛成为打开虚拟空间的钥匙,变成了摆脱现实困境的捷径,随之而来的放松感很容易使其沉溺其中而无法自拔。要想"揭下"这些"粘在手机上的孩子","暴力撕扯"是无济于事的,有效的办法是摸清楚孩子内心的想法。

视手机为新鲜事物

智能手机可随时随地上网的功能,足以激起孩子对新鲜事物的渴望,驱使孩子搭乘通往未知世界的列车。要知道,他们对新事物的敏感性和接受度都比我们要高,很多复杂的功能于你是烫手的山芋,可在孩子手中就显得易如反掌。为了让孩子放下手机,你可以鼓励孩子多参加有益身心的线下活动,如郊游、散步、做手工、采风、志愿行动等,也可以热情地加入他们,多维度、多渠道地引导与满足孩子日益旺盛的探索欲。

禁果效应

对待"低头族",有的家长会选择直接没收孩子的手机,或是拒绝孩子使用手机的合理要求。然而,一味地禁止只能是南辕北辙。

我们借用一个古希腊神话故事来理解这种情况。传说,宙斯为了报复人类,让一个名叫潘多拉的美丽姑娘来到人间,并给了她一个魔盒。宙斯警告潘多拉,无论如何都不可以打开这个盒子。结果,这一禁令激发了她的猎奇、冒险心理,她忍不住打开盒子——灾祸由此飞出,散布人间四处……手机的使用也是同样的道理,管得越紧,看得越严,孩子越不买账,越反对越要玩。

当孩子出现"低头"的迹象时,你要遵循"宜疏不宜堵"的原则,比如和孩子协商制订一份手机使用契约。如果出于某些原因要替孩子暂时保管手机,也要与其讲明原因。例如,"妈妈是因为你在这段时间过度上网导致成绩下滑,才出此下策,暂时替你保管手机"。也就是说,家长要让孩子明白,玩手机不能影响到正常的学习和生活,同时,家长也要和孩子协商取回手机的条件,减少孩子对手机的依赖。

"低头"是因为它能满足我不同的心理需求
（情感的依赖性）

这种"低头"的产生，源自手机能满足孩子的情感需求。对此，如果盲目干预，可能会事倍功半。聪明的做法是将孩子的需求分门别类地梳理清楚，再予以关怀。

满足娱乐需求

如今，手机智能、有趣、便携的特点，使孩子着迷。越来越多有趣的手机应用程序和新颖的网络资源的涌现，卷起了以状态更新、浏览评论为主的主动性社交网站使用的风潮。这种多渠道满足孩子娱乐需求的消遣方式能够起到休闲放松和宣泄情感的作用。然而，听到"娱乐"二字的你很可能"谈网色变"，仿佛它已然透过手机织就了一张无形的大网。其实，你大可不必如此谨小慎微。我们应该客观地看待网络，既不要严格苛刻，也不可过于放纵。在这一点上，不妨与孩子达成共识，把手机放至公共区域，比如客厅、书房，避免孩子无节制地上网；也可以跟孩子共同制订手机使用时间表，内容涵盖每周手机使用总时长、关于学习时间的大致规定、游戏时段、聊天时间的占比，等等，以此对孩子的手机使用情况进行合理而有效的监督。

满足亲和需求

亲子依恋的缺失也是导致孩子"低头"的因素之一。如果你的养育方式一向严格且刻板,就很可能导致亲子依恋变得糟糕,由于孩子缺乏来自家庭的情感支持,他们很可能会通过补偿行为来填补内心的空虚,比如通过手机将视点转向网络世界,这就大大增加了手机过度使用的风险。可以说,"低头族"也是一块试金石,如果孩子的内心是"亏空的",就很可能用手机来"填满"。因此,应给予孩子优质的爱,架起"关怀、包容和理解"的桥梁,传递给孩子足够的温暖,学会站在孩子的立场与其谈心,并不时地鼓励和赞赏他们的每一点进步,对其所遇到的困惑和问题能够不加批判地感同身受。也许以下方法能对你有所帮助:积累一些"网络热词",尝试与孩子在网上交流,如和孩子一起经营微信公众号,也可以跟孩子一起玩益智有趣的手机游戏,增加亲子互动,促进情感交流。当孩子心中充满爱和安全感时,手机的问题将不再是问题。

满足归属需求

要知道,每个孩子都有追求爱与归属的需要,然而,不同的孩子在同伴中的受欢迎程度是不一样的,有被掌声和鲜花簇拥的孩子,也有形单影只的孩子。对于这类"疏离同伴"的孩子,手机的出现终于让他们有了用武之地,他们也可以变身成一个颇具领导力的核心角色来开启一场对话、组织一场游戏，变成现实中他们所羡慕的样子。可以说，手机不仅为他们筑造了交流的港湾，扩建了宣泄情感的空间，最重要的是满足了他们的归属需要。此外，有的孩子比较羞涩，不喜欢面对面交流，手机恰好可以避免面对面聊天的局促和尴尬，使得聊天更自然、舒适，长此以往，会让孩子更加不愿意面对现实。

对于此类孩子，你需要把他们拉回现实，并引导其改善人际关系，把更多的精力投入到现实的社交之中。比如，鼓励孩子循序渐进地主动表达自己，对着镜子练习，从观察、表达自己此时此刻的微小情绪和想法开始；同时，还要教孩子学会倾听，在人际交往中注意礼貌，保持微笑，等等。

"低头"是因为它让我控制不住地使用
（意志的依赖性）

这种"低头"是因为孩子的意志力不强，很容易受到外界诱惑或他人影响，对此，我们需要具体问题具体分析。

管不住自己

有些孩子无法抵挡手机的诱惑，常常不能自已地将手伸向手机。比如，放在口袋里的手机一旦振动，便忍不住第一时间拿出来查看、回复，简直把回复信息当成了"批阅奏章"。到了就寝时间,却总想猫进被窝对着发光的屏幕再偷偷玩一会儿。这属于典型的自我控制感缺失。如果是这种情况,建议你分"三步走":第一,控制孩子玩手机的时间和次数。可以借助时间管理类的手机应用程序,在手机上设置每天激活手机屏幕的次数,一旦达到上限,手机就会发出警告。第二,明确限定使用手机的时段,例如晚上写完作业后的八点至八点半,其他时间禁止触碰手机,尤其在课堂上或者做作业的时候。第三,帮助孩子明确计划和目标,并坚持记录哪些目标已经实现,哪些目标尚未达成,这样一来,如果孩子意识到自己该做的事还没做完,就会相对减少自己使用手机来娱乐的时间。

易受他人影响

青春期少年的典型特征便是极易受到微观系统的影响(父母、同伴、学校等)。一般来说,"低头族"孩子的背后很可能藏着一个"低头族"大人。一方面,你专注看手机的样子着实令孩子产生了对手机的好奇,使他们也想效仿你的做法去一探究竟;另一方面,一些孩子会以大人为标尺,把"低头"当成理所当然,甚至是约定俗成的社会规范。为避免这种情况发生,切记"自律者方能律他"。在家中,你如果想规定孩子使用手机的时长,那么首先要限定自己玩手机的时间并自觉遵守,不然一切都是纸上谈兵。一旦你的意志松垮,稍不留神,便可能前功尽弃。

除此之外,和孩子朝夕相处的同伴也值得我们留意。同伴泛指同龄人,这一特殊群体在孩子的成长过程中扮演着重要的角色。如果你的孩子恰好结交了一群酷爱手机的追风少年,为了保持友谊并有共同话题,他便很有可能也加入到"低头"大军中。这种同伴间关于手机的热切交流会刺激孩子敏感的神经,进而对这一神秘世界产生无限遐想。对此,你可以帮助孩子拓展交友圈,为孩子提供更多结识志同道合的朋友的机会。试试这些小方法:带孩子出门旅行,引导孩子参加兴趣班或社会实践活动;鼓励孩子邀请身边的同学和朋友多进行有益的活动;邀约其他家长及孩子进行家庭间的聚会、游玩等。

在孩子的成长过程中,线上关系的深入一定程度上可能会抑制线下关系的发展。通俗点讲,如果孩子热衷于把交往重心放在虚拟的网络世界中,而忽视现实生活中的社会交往,很可能导致这段关系变得不那么健全。

这是因为线上交往是缺乏非言语线索的,如缺乏面部的表情展示、目光接触以及对于对方身体动作变化的感知等。因此,当孩子沉浸于线上交往时,由于无法捕捉到对方实时的表情、神态及所蕴含的感情,也就无法体验到面对面交流的真切以及情感的共鸣,他们会在线上交往中感受到较低的社会存在感。

同样地，由于线上交往获取到的信息相对匮乏，很容易词不达意而出现不必要的误会和麻烦，进而让线上交往变得具有攻击性，甚至导致关系破裂。如此看来，线上关系是需要适当控制和管理的，不妨更多地去享受声情并茂的线下关系吧！

写给孩子的信

亲爱的冬儿：

转眼间，你已步入初中。平日里，"忙碌"成为我们不善交流的借口；现如今，你的生活中出现了一个名叫"手机"的新伙伴，当你拥有了属于自己的手机和号码时，手机的意义便已远超通信工具，它更像是独属于你的一串密码，是你小小世界的网络钥匙，是你自我独立的标志。

望着你放学回家后，总是如获珍宝般捧着手机，还不时因为屏幕中的内容笑出声来的场景，这种自然流露的放松和愉悦，爸爸、妈妈着实能感同身受。开心之余，我们又担心"上瘾"的危险离你越来越近。

也许你能发现，有时只是回复一下朋友发来的信息，或是打打游戏、逛逛论坛，感觉也没做什么，但两三个小时就这样过去了。因为感兴趣的话题总是让人察觉不到时间的飞逝，待意犹未尽地放下手机时，天色已晚。这就是"信息茧房"，它是你们年轻人常挂在嘴边的"大数据"施展的最直观的魔法：根据你的浏览偏好，它只给你提供你喜欢看到的，屏蔽了那些你不喜欢的，就像一个茧，丝丝密密地困住你，你浏览得越多，它提供给你的也就越多。这也许就是你感慨"好看的东西永远也刷不完"的秘密吧。若长时间困在信息茧房里，减少与现实世界的接触，慢慢地，会导致你的生活圈子变窄，孤独感增加；还会影响你的人际关系，毕竟在与他人交流时，不停地摆弄手机，会让对话产生延迟，使得对方觉得你缺乏诚意和礼貌，你说对吗？除此之外，习惯性依赖手机的你一旦离开手机会很容易无聊、焦虑、疲劳，这促使你再次拿出手机狂刷，一小时、两小时甚至更久，再次放下手机，空虚、愧疚的情绪会更为强烈，如此循环反复，陷入到手机成瘾的怪圈中。

与其成为"装进手机里的人"，何不破除结界，走进纷繁精彩的现实世界呢？还记得没有互联网的童年吗？蹦蹦跳跳，天真烂漫，那时有缓慢的时光，温情的笑脸，无限的遐想……在看得见、摸得着的世界里收获爱与温暖，遇见诗和远方，多么美好而惬意。

不过度依赖手机，我们一定可以做到的。放下手机吧孩子，试着在现实中加强与朋友、亲人的联系，试着与手机真正"断舍离"。对此，爸爸、妈妈思考良久，拟定了关于手机的"八项约定"，如有不能接受之处，可协商调整。请放心，从今天开始，我们也会减少"低头"频率，并接受你的监督！

关于手机的八项约定

1. 吃饭时禁止使用。
2. 完成当天功课前禁止使用。
3. 一天最多使用一小时，晚上九点之后禁止使用。
4. 禁止使用付费服务。
5. 考试期间禁止使用。
6. 走路时禁止使用。
7. 绝对不能把联络方式告诉陌生人。
8. 禁止浏览奇怪的网站。

"五色令人目盲，五音令人耳聋"，声色之娱可以在短时间内带来感官刺激，但也容易令人迷失自我。手机只是工具，它能发挥什么作用，主要取决于你。当从手机营造的虚幻世界走出来，你会发现，真实的生活才更值得去期待。

这封信，我们商量着用手写的方式完成。说实话，电脑和手机已经快让我们忘记了握笔的姿势，忘记了如何书写横平竖直的汉字，而写这封信的时候，我们也仿佛找回了学生时代的感觉。那是青春，是诗意，是真切的生活。希望看完这封信的你，也能够放下手机，去感受窗外的桃红柳绿、鸟语花香。你的心不该是个茧房，因为那里本应装着整个宇宙。

　　孩子，我们渴望你回一封手写的信给我们。那字里行间，虽没有目光的交汇，但一定有心灵的交流。

爱你的爸爸、妈妈

如何让孩子远离烟酒？

> 夫酒醴之近味，生病之毒物，无毫分之细益，有丘山之巨损，君子以之败德，小人以之速罪，耽之惑之，鲜不及祸。世之士人，亦知其然，既莫能绝，又不肯节，纵心口之近欲，轻召灾之根源，似热渴之恣冷，虽适己而身危也。小大乱丧，亦罔非酒。
>
> ——[晋]葛洪《抱朴子·酒诫》

表现：借酒浇"愁"——喝进去的不是酒，是"叛逆"。

常见指数：★★★★

影响："少成若天性，习惯如自然。"好的习惯"如自然"固然好，但若坏的习惯也顺其自然，不良反应就会如被推倒的多米诺骨牌般，接二连三地到来，让人措手不及。追求一时的"酷"而吸烟，为解片刻的"愁"而饮酒，这些行为本为图一时爽快，但若长此以往难免成瘾。最终，危害的是健康，吞没的是意志，阻碍的是学习，侵蚀的是孩子那本该明亮、自由、快乐的人生。

孩子为什么要吸烟喝酒？与其无可奈何、空洞地告诫"你不许再吸烟、喝酒了"，倒不如倾听孩子的内心独白，耐心地去了解他们如此这般到底是在弥补哪些缺失的心理需要。

内心独白一：学习"压力山大"，烟酒可暂缓压力（对学习失去胜任感）

这类烟酒行为，往往源于孩子对学习失去了胜任感。这个时候，如果再对他们说"你就是成事不足，败事有余"之类的刺激性话语，无疑是雪上加霜。更好的办法是透过他们那焦躁无助的眼神，找到孩子对学习失去胜任感的原因。

消极归因

简单来说，积极的归因一般会把失败归结于自己不够努力；消极的归因则会把失败归结于自己的能力。这种消极的归因风格如同"小偷"，偷走了孩子对学习的胜任感，产生信心被"打劫一空"的感觉。无奈之下，孩子有可能产生放弃的想法，用几杯小酒借以消愁。还有一些孩子，他们就是要别人看到自己没有努力、不务正业，以避免考试失利后给别人造成自身能力差的印象，从而保护自己的价值（即心理学中的回避失败现象）。如果是这种情况，你可以坐下来引导孩子分析失利的原因。当孩子归因为最近上课走神、没有认真写作业时，就会意识到自己本可以通过努力来改变现状；如果孩子认为自己明明努力了还是没考好，可以引导他们提高自己的时间利用率。

过于放大学习压力

　　压力就像天上的乌云，带来一片阴霾，让人内心压抑。压力和低迷情绪的弥漫，往往会让"当局者迷"，深陷于情绪问题之中不能自拔。于是，所有的认知资源都开始用于应对自己的情绪问题，他们也就来不及思考背后的"事件"，更无力去用更积极的视角加工这些"事件"。有时候，你问他们为什么吸烟喝酒，他们会说"烟酒可以缓解学习压力"，一旦问他们有什么压力，他们会说"不知道"。其实，压力是可以具体地描述出来的。你可以和孩子一起把"压力"写在纸上，越细致越好。譬如"我觉得几何证明题太难了""力学太抽象了，物理听不懂""这次语文考试的作文我又没写完"……尽可能让孩子把他的"怕"聚焦在一件具体的事情上，让孩子重新认识压力事件，知道"我只是暂时在某个科目、某个知识点上遇到了困难"，避免让焦虑蔓延到整个学习过程。同时，化压力为动力也很重要。引导他们将注意力放在自己的每一个薄弱科目上、每一道不会做的题目上。有了直面压力的成功经验后，就能慢慢摆脱恐惧压力、逃避困难的惯性思维，重拾朝气与信心。

"鸡娃"式教育的高期待

孩子已经很努力了，但家长的标准却水涨船高，孩子永远有着无法企及的彼岸，这样容易使孩子因挫败而产生厌学情绪，从而荒废学业，误入歧途。比如，孩子高兴地和你分享自己考试拿了第二名，你却冷着脸问："你跟第一名差了多少？"孩子怎能不失落。建议你放下吹毛求疵的"高期待"，哪怕孩子只进步了一点点，也要在语言上鼓励他（即心理学中的正强化）。也许你的孩子在日常生活中真的令你抓狂，但当他取得了超越自己的成绩时，你也不妨说："缺点虽多但只如星光微芒，优点虽少却如太阳耀眼。当日出破晓时，日光必能遮蔽群星。"学会欣赏孩子的优点，肯定他们的努力，往往比批评责备更能激发孩子的潜力。

内心独白二：我并非本意，但碍于情面就吸烟了（害怕失去归属感）

这类孩子吸烟喝酒往往是因为他们身边有一群同样吸烟喝酒的伙伴。试想一下，在孩子通向得到伙伴认可、接纳的路上要打通多少人际之门，承受多少"不想毁掉自己，却又没有好办法"的痛苦？

"不抽不是好兄弟"，孩子碍于情面，不愿为一根烟而失去友谊，迁就朋友最后变成了迁就烟酒。

"迫于兄弟情义"（同伴压力）

心理学将这种压力描述为孩子因为渴望被同伴接纳认可，避免被排挤，而选择按照同伴规定的规则去思考或行动所产生的一种心理压力。

青春期的孩子有时并不在意自己的境况，但为了"兄弟般"的情谊，他们可以出入酒馆，或以自吹自擂的方式与父母"为敌"。这是少年团体特有的"投名状"：接过伙伴递来的烟或酒，或是一起做一些叛逆的事，大家绑定在一起，这就是"入伙"了。你若了解这类吸烟行为源于孩子"想要交朋友"（心理学称"归属感"）的心理需求，就会知道不能不讲道理地直接阻止孩子交朋友，关键是要在他们缺乏辨别能力和抵制不良诱惑能力的年纪引导他们交什么样的朋友。"善交益友，乐交净友，不交损友"，告诉孩子要交那些给自己带来正能量的朋友，能直言不讳地指出自己的错误、帮助自己的朋友；不交对自己的道德品行产生不良影响的朋友。

除了注意上述问题，还要和他们聊一聊怎样交朋友。"你若盛开，蝴蝶自来"，以自己的努力换得的优秀必然会吸引真正的朋友，前行之路总有志同道合之人，但首先是让孩子有高尚的"志"与"道"。"行合趋同，千里相从；行不合趋不同，对门不通。"志趣行为相同的人，即使相隔千里也能在探索之路上互相找寻、彼此靠近，靠烟酒等成瘾物维系的关系绝非真正的友谊，而是麻痹的幻象。因此，面对同伴不良的劝诱，必须学会勇敢地拒绝。你可以教孩子明确地拒绝，表明"我不想尝试，这并不酷，因为烟酒对身体的伤害非常大"；也可以教孩子转移同伴的注意力，比如约对方一起去打篮球、踢足球，做一些有益身心健康的体育活动；又或者借口有事离开当前场景，等等。需要注意的是，平时工作再忙，身为家长也要记得关心一下孩子的交友圈，发现问题要及时提醒和制止。

内心独白三：我的生活，我做主；不让做的事，我偏做（维护自主感）

这种出于维护自主感的烟酒行为可能与家长的"事事包办"分不开。

"包办"带来了孩子的逆反情绪

孩子长大了，也希望能像大人一样自己拿主意；而作为大人的我们没有适应孩子青春期的这种变化，依然想要掌控全局，替孩子做决定。表现在沟通方式上常常是"我都是为你好，你必须听我的""不准……"，这种不容商量以及否定的语气撞上青春期叛逆的孩子，就犹如烈油浇在情绪之火上，不仅于解决问题无益，甚至反作用明显，让孩子不自觉地开始唱反调："你不让我做什么我偏做什么。"

所以，请记住，尽管担心他们自己走不稳路、不认路、绕远路，但不能忽视孩子在面临人生关卡时"做选择"（心理学称"自主感"）的需要。也许你现在可以为他解决眼前的难题，但人生这场比赛终究还是要自己通关。聪明的你应该懂得适当把选择权还给孩子，给予他们一定的掌控权。但这并不意味着让孩子随便选择。你的角色应该从保护者转变为守护者，默默地守在他们身后，拉起一道安全警戒线，而不是事事替孩子挡在前面。在吸烟喝酒这件事上，你可以和孩子讲清楚弊端，并在生活中抓住契机让他们观察到这些不健康的生活方式对身体、家庭乃至社会造成的无法挽回的伤害，再试探着问："那么，你还想吸烟吗？"循循善诱，引导孩子自己权衡利弊，做出有利于身心健康的选择。

"包办"挤压了孩子自主支配的时间

为了能让孩子顺利升学，你不断给孩子安排"晋级"任务，让孩子每天处于紧张的状态中。一刻不停地拼搏也无情地剥夺了孩子原本可以自由支配的探索、放松和娱乐的时间。长此以往，孩子感到紧张和不安，但又找不到舒缓压力的安全通道，难免"病急乱投医"，有可能就相信了"吸烟提神醒脑，学习效果更好"的谣言。对此，你应该把玩耍的时间还给孩子，心灵上的压力还需要交还给心灵去调节。你可以鼓励孩子在心情低落的时候找朋友们聊天、听音乐、看电影、做运动等，让他们明白"抽烟喝酒不能治病"，只有健康的生活态度、广泛的兴趣爱好，才是搬走压力这座大山的良策。

也许，从前你认为只有紧追不舍才是爱；现在，你或许能明白，有一种爱叫作放手，那是"不追"、是目送、是在心底默默地祝福：孩子，自己的路终究要自己走下去，请加油。

内心独白四：大人能抽烟喝酒，我也可以试试
（成人感/胜任感在作祟）

在模仿与好奇的驱使下，追求想象中的"成人感"

一些家长喜欢躺在沙发上一边刷手机一边抽烟，影视剧中也不乏主角"吞云吐雾"的镜头，孩子看多了愈加好奇，也开始模仿，仿佛自己吸了烟就能变成学校里的某种风云人物，成为孩子堆里有话语权的"大人"。对此，你要知道，父母是孩子的镜子，孩子是父母的影子，行动胜过千言万语。控烟行动，务必从父母做起。只有父母保持健康的生活方式，才能给孩子树立良好的榜样。另外，以身作则，让孩子明白，真正优秀的大人能够踏实地做好该做的事情，能够对自己的未来负责。在

学生阶段好好学习不是幼稚，恰恰是对自己负责，是承担自己责任的"成人之举"。

值得注意的还有一些无良商家，为了利益，抓住青少年追逐潮流的猎奇心理，在营销时给香烟加上了一些"健康"的设计，比如把电子烟宣传成电子雾化器等。这种"换汤不换药"的把戏，并不能减少香烟的危害。还有一些"不同口味"的电子烟，巧克力味、西瓜味、薄荷味……各式香料掩盖了香烟的本质，电子烟仿佛变成了甜美可口的口香糖，给人们制造出一种吸电子烟无害的假象。好奇的孩子很容易被这些伪装的美丽外表所迷惑。对此，我们要提高警惕，合理控制孩子零用钱的支出，看到电子烟的广告或在路上看到有人吸烟，要随时捕捉同孩子讨论"远离烟草"的时机。可以从烟草的历史等知识入手，从种植园奴隶制讲到如今的电子化产品，以聊天和科普代替说教，将历史、科技、文化、社会等知识融合在谈话之中，亲子之间有争论、有倾听、有互相的理解与补充，在不知不觉中，远离了香烟也增进了感情。

写到这里，德西（Deci）和瑞安（Ryan）这两位心理学家提到的三种基本心理需要也清晰地浮现了出来。他们认为，人类有三种基本的心理需要：自主性（自己决定做什么）的需要、胜任感（我能做成什么）的需要和归属感（和朋友们在一起）

的需要。

一般来说，任何人都有这三种需要，如果它们不被满足，人们就会去寻找"替代品"。成人如此，孩子亦如此。从这个意义上讲，要想让孩子不做"烟酒生"，不妨抽丝剥茧，先读懂孩子吸烟喝酒行为的背后可能缺失的需要。

写给孩子的信

亲爱的建安：

　　昨天我走进你的房间，闻到了陌生的烟味，一瞬间，我愣住了。原本我是不相信自己的孩子会吸烟的，直到我在整理衣物时，看到了从你上衣口袋中滑落的烟盒。

　　面对这个烟盒，我沉默了许久，最后选择悄悄地将它放回原处。因为我突然意识到你长大了，可能有自己的心事了。而发现这一切的我，也要认真想想该如何面对已经长大了的你。我想，比起争论，总有更好的交流方式吧，比如见字如面。

　　孩子，也许你抽烟有一段时间了，早已记不清楚自己抽了多少支，但我想，第一支烟的味道你一定不会忘记。那是一股辛辣的味道，它会冲上你的喉咙，让你不由自主地咳嗽个不停，你可能会觉得自己丢了面子，让早就"身经百战"的兄弟们看了笑话。我来告诉你吧，那是气道黏膜受到烟的刺激而产生的排斥反应。这就和被开水烫会立马缩手一样，是我们人类趋利避害的本能。但如果你忽视了身体求救的本能，只要面子而不顾"里子"，任由尼古丁在身体的各个器官搞破坏，用不了多久你就会对它产生依赖。你吸烟的动作愈加熟练，姿势越发潇洒，你以为自己征服了香烟，傻孩子，那是香烟征服了你啊。你看那些年纪轻轻就重度吸烟的人的肺，大面积的黑色斑点都是致癌物埋下的雷。除了看得见的器官损伤，看不到的意志损耗更为可怕。你的脑、你的心都在烟雾缭绕中模糊了，本该属于年轻人的坚韧意志可能也在一点点消失。

儿子呀，人们总说吸烟的男人很潇洒，很有男人魅力，但他们从不说吸烟的危害有多大。"青春是打开了就合不上的书，人生是踏上了就回不了头的路。"我怎么忍心看着你越走越远，辜负大好韶华呢？一开始，你可能只是出于好奇、叛逆或不想学习，策划了这场短暂的"逃离"，却不曾发现自己已经越走越远，给"自我放弃"注入了一针催化剂。你看看新闻里那些永不言弃、迎难而上的事例就会明白，没有谁的人生是一望无际的坦途，只有敢于面对困难与伤痛的人才有资格诠释"魅力"。

亲爱的儿子，不要再逃避，勇敢站起来吧，把所有困难都当成是对"兵来将挡，水来土掩"的练习。想一想，最近是什么在困扰着你？是在学习上遇到了难题，还是同伴和爸妈给你带来了压力？抑或是青春时节对"人生苦短"的感慨？是什么问题就解决什么问题，如果你始终躲在烟雾中，又怎能找到解决的路径呢？人生没有太晚的开始，一切都来得及。改掉坏习惯，一开始会不舒服，但不要急，我们循序渐进，用"一个钉子挤掉另一个钉子"的原则，好习惯慢慢就会占据上风。如果烟瘾上来了，可以吃口香糖或水果，或叫上我和你爸，我们一起去户外散步或聊天。总之，只要能转移你对吸烟的注意力，我们都可参与。

最亲爱的儿子，写到这里，我想起刚开始学走路的你，想起那踉踉跄跄但执着前进的小小身影……我的笔似乎凝固了，恍惚间，仿佛看到一个骄傲勇敢的少年回来了。他说，他穿越了重重迷雾，战胜了成瘾的恶龙；他说，一身的伤痕才是男子汉最有魅力的样子；他说，从此不会有什么困难能阻挡他，因为灵魂终于回到了最初的起点。在最初的起点，你经历过无休止的对抗，却依然带着属于少年的腼腆的微笑……

儿子，亲爱的儿子，笔不前驰，纸短情长，见字如面，见字如面……

爱你的妈妈

怎么化解孩子自残行为的危机？

山重水复疑无路，柳暗花明又一村。

——[宋]陆游《游山西村》

表现："身体痛了，心就不痛了。"

常见指数：★★★★

影响：自残行为是孩子面对困境时无助的信号，是可能吞没孩子生命的火苗。倘若不早早地干预和控制，其背后的心理问题，如情绪失调、焦虑、抑郁等，可能会进一步恶化；如果"火势"蔓延，极端的自残行为还会导致器官毁损、身体残疾甚至死亡。

要想阻止这团猛兽般的火焰，守护孩子心灵的宁静，就必须第一时间找到火源在哪里。

人为火源之一："我感受不到他们的关心和爱"（社会支持的缺失）

这种自残行为（心理学称"非自杀性自伤行为"）的产生，是因为社会支持的缺乏。例如，他们无法从家庭和同伴群体中感受到关心与温暖，便试图用极端的方式来获得关注或缓解痛苦。

缺乏温情的家庭环境

孩子可能经历了重要亲人的离世、父母离异或者遭到了家庭暴力等。对于那些受到虐待的孩子来说，他们会认为"与其被你们打，不如我自己来"，也许这样就能让施暴者"良心发现"，让自己重新获得父母的温情。此外，能压垮孩子的还有无形又刺骨的"冷暴力"，这其实与忽视型教养方式分不开。具体来说，如果你对孩子的成长总是漠不关心，那孩子不得不选择一种更为激烈的方式来唤起你的注意，例如制造一些肢体伤痕来博得你的关注，让你回应他们的期待。父母们千万不要让孩子总是感到孤独和被遗忘，尤其在一些重要的生活事件发生之后，要尽可能多花时间陪陪他们；对孩子要有足够的耐心与爱，修复亲子关系的时间可能比你想象的还要长，自残行为也不会瞬间停止。比起着急、愤怒和指责，不如教孩子如何护理伤口，引导他们用自我康复行为代替自我伤害行为。

频发的校园欺凌

被欺凌的孩子，受伤的可能不只是肉体，还有心灵（如自尊心受挫），因而他们比其他孩子更容易贬低和厌恶自己。例如，明明不是自己的问题，他们也会认为是自己不够好才受到了欺负。所以，面对充满恶意的排挤和打压，他们常常不敢反抗，或者反抗了也得不到公平的对待，长此以往就会产生深深的无助感，便想到用自残来缓解这种痛苦。所以，家长对校园欺凌要尽早有所察觉，在孩子发出"血淋淋的呼救"前，就意识到潜在的危险。如果孩子的书本、文具经常丢失或损坏，孩子开始不按时回家或抗拒上学，原本很爱聊天的孩子突然间变得沉默寡言、看起来心事重重等，你就要提高警惕了。如果能悉心关注孩子的衣食住行，提供更有力的监护，就可以降低孩子自残的风险。

人为火源之二："我需要尽快冷静下来"
"我应该受到惩罚"（情绪调节功能受阻和错误的认知）

释放情绪，找回"活着"的感觉

自残可以将孩子心里的痛苦"具体化"，在一定程度上释放了负面情绪。例如，有的孩子常常会说"身体痛了，心就不痛了"；还有的孩子会说"虽然没法感受到划伤自己时候的疼痛，但是看到血之后就知道，啊，我还活着"。这是因为他们进入了"解离状态"，也就是面临极大的心理压力时出现的麻木状态。然而，为了调节情绪、对抗解离而伤害自己的行为无异于饮鸩止渴。对此，你可以引导他们学习其他健康的情绪调节策略，例如，听平静的音乐、泡个热水浴、学习放松呼吸法等，抑或通过写作和聊天将心里的痛苦具体化。

此外，对那些想要对抗解离状态的孩子，可以引导他们采用其他方式替代自我伤害行为，如用记号笔代替刀片在皮肤上留痕、用手握住冰块等。

悲观主义在作祟

消极、悲观的自我暗示往往也会推动自残行为的发生。

在孩子自残行为出现前，我们会发现他们经常有这样的想法：这是唯一能够知道别人是不是在意我的方法、我应该受到惩罚、我很坏，等等。如果是这样，建议你同孩子建立三思而后行的约定，练习给消极想法"翻个面"，学会区分"观点"和"事实"。例如，"我是个失败者"只是孩子自己的想法，事实上，"在某些方面我很擅长"；"没有人爱我"只是自己的想法，事实上，"有些被我忽视的人真的很关心我"，等等。

天然火源:"我觉得我控制不了自己"
(自残行为的人格和生物因素)

冲动型人格

这类孩子从考虑自残到正式实施自残的时间间隔通常不到五分钟。他们通常冲动或紧迫感极强,缺乏耐心,在经历消极事件时更可能倾向于鲁莽行事,难以抵抗压力或负性情绪下的自残冲动。面对这类孩子,你可以同他们签订短期的协议,如"在洗澡时保证安全",这样相对明确、易实现的短期协议可以帮助孩子获得成功控制冲动的体验。另外,嘱咐他们必要时启用"缓冲"按钮——遇见难以解决的棘手问题可第一时间寻求爸爸、妈妈的帮助,这样的约定能够在危急关头帮助孩子悬崖勒马。

β-内啡肽水平异常

目前已有很多研究显示,青少年自残行为的持续或停止可能存在一定的神经生物学基础,其中一个重要的生理因素就是β-内啡肽水平异常。β-内啡肽就像是控制人体精神状态的开关,如果体内的β-内啡肽水平较低,个体就会长期处于麻木、迟钝的状态,而自残行为恰好会促进体内的β-内啡肽水平恢复到正常的范围。因此,在排除其他情况后,如果孩子毫无征兆地屡屡自残，不妨带他去医院做个检查。

从心理学的角度看，自残行为形式多样而且表现复杂。法瓦扎和他的同事在早期曾把自残行为分为四种类型：刻板的自残行为、重度的自残行为、强迫的自残行为和冲动的自残行为。刻板的自残行为包括撞击头部、击打自己的脸部等，在有器质性病变（如智力迟滞）的个体中最为常见。重度的自残行为往往包括更为严重的或有潜在生命危险的自我伤害，如断肢等，这种极端行为通常发生于有严重精神障碍、人格障碍的个体中。强迫的自残行为，如切割皮肤等，具有中等程度的危害性；强迫的自残行为者有很高的焦虑水平，并通过自残来释放紧张感。冲动的自残行为也具有中等程度的危害性，在生活中零星出现，由外部因素触发，并同社交困难、依赖和戏剧性人格障碍、进食障碍和创伤后应激障碍相联系。

值得注意的是，我们讨论自残行为的人格和生物因素，并非强调自残行为是单一先天因素作用的结果。自残行为的成因比较复杂，它是先天和后天共同作用的结果。无论哪一种情况，最重要的是不要讳疾忌医，要积极地寻求心理医生和心理咨询师的帮助，科学地应对。

写给孩子的信

亲爱的小鹅：

今日落笔，是在你充满桂花香的房间里。

时间过得很快，从我们第一次去看心理医生到今天，已经过去一年了。今天，坐在这温柔的桂花香中，望着我们这几个月厚厚的一沓往来信件，看到你愿意同我讲更多你在学校里的故事，我感到由衷的欣慰。也许，这段时间的并肩"战斗"，虽说有些辛苦，但我们母女的心贴得更近了，抱得更紧了！

一年前，寄宿学校的李老师发来了一张照片，那是你满是伤痕的手臂。我当即放下了手中所有的事情，给李老师打去电话，问你在学校里发生了什么，受到了什么人的欺负。结果李老师很无奈地告诉我，是你自己用美工刀划的。那一刻我心如刀绞，仿佛那一道道伤痕不仅划在了你的手臂上，更划在了我的心上。我的孩子到底经历了什么？她当时是多么的无助、绝望，以至于不得不用这样一种方式来伤害自己。李老师说，这是大课间时，她在教室里无意中发现的，当时你躲避人群，不愿意与任何人说话。班上大都是走读的同学，你作为为数不多的寄宿生，和几个高三学姐住一间宿舍。李老师问我是不是太久没同你联系了，我一口反驳，说我每个月都会按时给你打生活费，说你每次都说自己在学校里很好。久得近乎漫长的沉默后，李老师在电话那头说："也许她想要的不是这些。"

再后来的事你就知道了，我去学校见你，你拒绝。李老师说你在宿舍里一个人哭，开始不肯去上课。老师怕我见到你会控制不住情绪，就让我有什么事写纸条给你。尽管我很怕你继续受伤，很想用命令的语气让你立即停止这些行为，让李老师把你的美工刀收走，可我还是忍住了。因为那也许是你当时释放痛苦的"唯一出口"。咨询了专家以后，我决定在信里先告诉你护理伤口的方式。托李老师带给你生理盐水、碘伏棉球；让你定期换药，给伤口消毒，注意不要感染；向你道歉，让你原谅妈妈自以为是的"无微不至"和后知后觉；告诉你我并不觉得你是"怪物"，妈妈从未这样想，但是我会心痛，心痛你宁愿刀割手臂，也不愿再相信我，这比任何事都更令人心痛……

你终于肯见我了，告诉我全世界没有人站在你这边，直到你从李老师那里看到了光。偏执的时候，你不相信任何人，只相信李老师。李老师说，只要你愿意走出门，你妈妈随时在门口等你。

后来，我们一起去看心理医生，接受专业的帮助。你想要伤害自己时，我就陪你一起找替代方式：一起将冰块紧紧地攥在手里……而我也开始改变自己，明白已经长大的你，需要的不是花不完的零用钱，而是我认真与你相处的时间。

小鹅，上回来信你说"妈妈不要再自责，这是上天派给我机会教我成长"，我泪眼婆娑，默念这也是我的成长：学着成为更好的妈妈，拥有不惧怕过去、与往事相拥的勇气。明天你就要放假了，妈妈去准备几个拿手菜。因为我相信，唯有万家灯火中独属于你的一盏，唯有打开家门后迎接你的温馨，才是医治这一切的良药。

爱你的妈妈

孩子的拖拉行为怎么改？

> 明日复明日，明日何其多，我生待明日，万事成蹉跎。
>
> ——[明]钱福《明日歌》

表现：磨蹭拖拉，把"以后再做"挂在嘴边。

常见指数：★ ★ ★ ★ ★

影响：拖拉的习惯如同蒲公英，你虽把它拔掉，但随风飘散的种子早已在孩子心中落地生根，很快还会长出来。拖拉行为轻则毁坏孩子的情绪、自信，重则阻碍任务的顺利完成，影响孩子的自我感觉与人际关系。

面对拖延行为，只有全面了解其形成原因，才能"明其因，断其根，除其弊"。

常见原因："我知道这样不对，但就想拖着不干"
（自主决定型拖延）

这种拖延，来自孩子自己的决定：就是不想干，只想"以后再说"。对此，说教、唠叨或者一板一眼地订时间表，甚至生气、责罚孩子都无济于事。聪明的做法是先摸清楚孩子决定拖延的真实原因。

教养方式不科学

家长平时对孩子过于专断或放纵，易导致孩子用拖延来回应。比如，你在家时总是"自立为王"，高高在上地要求孩子绝对服从，甚至在潜意识里享受这种权威。当孩子不服从的时候，你会生气，甚至惩罚孩子。你越依赖惩罚，孩子就越会心生不满，越同你对着干。如果孩子的拖延行为是上述情况导致的，建议你改变教养方式，放下权威、学会聆听，多听听孩子的感受，在关爱和温暖的前提下适当提出要求，可能会收到意想不到的效果。

孩子选择性拖延

有些孩子不是事事拖拉，只在某件具体的事情上有拖拉磨蹭的问题，比如整理房间等事情做得挺快，一写作业就慢。显然，这与不愿意完成作业有关。你可以与孩子谈谈学习的重要性，帮助孩子总结他在一天中什么时间学习状态最好、学习效率最佳。抓住这个最佳时间点，集中学习，避免在此时间段拖延或浪费时间，以做到事半功倍。

手机干扰了孩子的正常生活

手机等外在因素的干扰会让孩子注意力分散进而产生拖拉行为。你需要和孩子谈话，内容可以围绕着"我还有时间吗？"展开。亲子间心平气和地沟通，列出每天"必要且立即要做"的事，以及"必要但不必立即去做"的事，引导孩子合理规划时间，避免因为外界干扰而打乱正常的学习和生活。

自编自演的"心理戏"

当孩子面对某项他认为有难度的事情时，就会变得拖拖拉拉；或者对自己信心不足，产生畏难情绪，因害怕失败而回避问题，编造各种理由来搪塞你。对此，你应该降低任务要求，化整为零，把大任务分解为小任务，使孩子获得成功的体验，提高自信心。

"我要追求完美"

有一类孩子做事情喜欢追求完美，比如写作文时，本来做了大量基础工作，查资料，看范文，阅读图书，可总是不去写。

一问为什么，就说"还差一点，还差一点……"。这种"万事俱备，也不乘东风"的完美主义类型的孩子也会拖拉。对这类孩子，你应该与他们讲道理：追求完美没错，但现实中没有绝对完美，就像广告语说的那样，"没有最好，只有更好"。做事情也一样，如果准备好了就去做，即使这其中有一定的差错也是正常的，金无足赤，人无完人。

万事都拖延："我做事就是比别人慢，想快也快不了"（操作缓慢型拖延）

气质类型的特点各不相同

有一类孩子天生就是慢性子，从心理学的角度来说，这类孩子的气质类型属于黏液质，他们安静稳重，自制力强，但心理反应缓慢，遇事不慌不忙，比如，他们完成作业所需的时间是其他孩子的二至三倍，有的在考试时做不完考题，有的因整理书包慢而上学迟到等。

此外，气质类型还有三种，让我们用"四大名著"来举例吧。孙悟空就是"多血质"，热情、活泼、爱交际，但变化无常，有些浮躁;《水浒传》中的鲁智深是"胆汁质"，热情、直爽、精力旺盛，但脾气急躁，心境变化剧烈，易动感情;《红楼梦》中的林妹妹是典型的抑郁质，观察敏锐、细致，多愁善感，小心翼翼，优柔寡断。如果你想知道自己的孩子属于哪一种气质类型，不妨做个小测试（详见后文），但有一点需要提醒你，自己的孩子属于哪种气质类型都不会影响他们长大，气质没有好坏之分。

与慢性子的孩子相处，需要尊重他们的气质特点，可以采取理解与鼓励双管齐下的方式。一方面，可让孩子做事前多准备十分钟，确保时间充足，再做一份任务表，记录每天做事的时间；另一方面，当孩子减少了做事情的时间时，哪怕减少一分钟，也给予夸赞、拥抱、击掌等奖励。如此坚持下去，会收到不错的效果。

拖拉的坏习惯

做事拖拉与后天养成的坏习惯脱不了干系。主要原因在于孩子的主观时间与物理时间不匹配。孩子主观上总觉得自己还有大把的时间，不着急做该做的事情。如果父母再疏于管教，慢慢地，孩子就成为被"时间控制的人"，他会时常觉得，自己仿佛在被时间不停地追赶，在这种情况下，孩子心急火燎，越想快越快不了。

你要规定孩子完成任务的起止时间并加以监督，可设置闹钟、制订任务列表、建立"监督公约"、灵活利用"自检、自奖与自罚"赋能表，使孩子的行为受到约束。例如，使用"自检、自奖与自罚"赋能表时,让孩子在规定的时间内先自己检查,如果完成任务可以得到奖励,反之则受到惩罚。这种通过孩子的自我反思,激发自我改进力量的方式,对改变拖拉的坏习惯有帮助。

心理学研究发现,时间和动机是影响拖拉行为的两个要素。时间是个常量,有规定性,表现为马上或延迟(做横轴);动机是做事情的愿望(做纵轴)。横轴、纵轴组成A、B、C、D四个区:A型是想要做就马上做,B型是想要做却迟迟不做,C型是不想做也不做,D型是不想做但也要做。

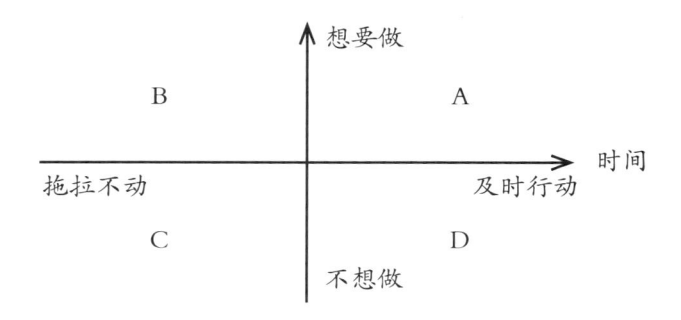

```
                    ↑ 想要做
            B              A
  ─────────────────┼─────────────────→ 时间
   拖拉不动                及时行动
            C              D
                    ↓ 不想做
```

A型的孩子做事从不拖泥带水;B型的孩子总是万事开头难;C型的孩子既不想做,也真不去做;D型的孩子虽马上行动,心里却是百般抗拒。

这四种孩子中,要重点关注的是C型孩子。因为他们没有做事情的驱动力,不在意拖延带来的心理感受,也不顾及拖延的后果。但是，随着任务被推迟得越来越久，所积累的任务量愈大、所剩时间愈少时，他们的心理体验逐渐糟糕起来，并对拖延后果产生恐惧。他们开始饱受拖延的"折磨"，尝到了"拖延"的苦头。此时，他们想要与拖延"决裂"了。

你看，拖延症虽有着"钢筋铁甲"，但我们也发现了它的阿喀琉斯之踵。孩子想要与拖延"决裂"之日，就是拖延的心理链条脆弱之时。这个时候，正是帮助孩子改变拖延习惯的契机。你要善于抓住这个教育契机，做到"见缝插针""一事一方法""一日一检查""天天有进步，债越欠越少，事越做越多"，让孩子看到自己的进步。

写给孩子的信

亲爱的江树：

  转眼间，你已步入高中。平日里，"忙碌"成为我们不善交流的"借口"，但你的点滴进步早已尽收我们的眼底，我们既为你高兴，也因你而自豪。古诗有云"慈母手中线，游子身上衣"，为人父母总是免不了对自己的孩子多唠叨几句，用自己多年的经验为线，细细密密地为你缝一件保护你的"外衣"。目送你开启人生的新阶段，这也是一次"送别"。孩子，你虽不是游子，但我们依旧会担心，就让我们再次"临行密密缝"，用一些嘱咐来避免你在成长的路上"迟迟归"吧。

  孩子，你总是爱拖延，不管你愿不愿意承认。拖延是个"怪兽"，它沉睡在你的心里，如果你不小心唤醒了它，甚至让它在你心里肆无忌惮，它会吃掉你的。所以，你必须要学会控制住这个"怪兽"。试想一下，今日的拖延可能会为你带来短暂的快乐，但它是在助长你逃避任务时的软弱感。越拖延，欠的"债"越多，压力越大，心情越糟糕，想要与生活一战的决心也就越发消弭殆尽。"明日复明日，明日何其多",这苦果正是你纵容的怪兽带给你的,它让你恐惧生活、逃避挑战,让本该用来证明自己的机会,变成了阻碍你前行的高山。与其去承受拖延带来的苦果,不如与这个"怪兽"来一场面对面的较量。学习与生活从不是你的阻碍,让我们把它视为游戏中的"升级"与"闯关",能够做到任务"当日清",就不会有欠债的感觉,不会有心理压力,相反,还会增加你的自信与成就感,保持轻松愉快的学习状态。最重要的是,养成"今日事今日毕"的好习惯,会成为你一生的"通关秘籍",不信,我们未来再看。

亲爱的孩子,我们知道,与"怪兽"的搏斗并不轻松,因为在爸爸、妈妈上学的时候,也曾见过许多同学被它打败。但你知道吗?人类不断的突破与创新,源于在最初的时候,在那遥远的历史星河里,无数有智慧的人率先对心中的怪兽发起挑战。孩子,我们相信你也愿意成为这些勇士中的一员,对吗?改变拖延的习惯一定会充满困难,但经验是一点点累积的,咱们采用"小步子"原则,每一个细节都不放过,从小事做起,一点点改变,我们愿意花时间参与你的改变之旅。

听到这里,你是不是担心自己没有实力完成挑战?不要怕,上天给你准备了一个小法宝助你通关,那就是每天晚上八点左右学习状态最佳，学习效果也最好。不妨从每天的这个时候开始，先试着完成那些被"拖拉"下来的学习任务。完成任务后，你可以选择喜欢的娱乐方式，或是用休息来放松自我。这样，或许你的进步会意想不到。

  亲爱的孩子，我生何必待明日，且向今朝试锋芒。三年的高中生活一晃就过去，而时光那头的你，定然会比今日更沉着而勇敢。生活是一天天的累积，每个微小的改变都会引起未来的震动。保持平和的心态，就像播种与耕耘，四季轮回，种收有时。认真专注，坦然无畏，你只要开始去做，这一切就有了意义。

爱你的爸爸、妈妈

气质类型问卷

《气质类型问卷》(陈会昌,1984)共60道题目,目的只是大概了解一下你的性格类型。回答这些问题应实事求是,不必多做考虑,因为并没有标准答案和好坏之分。看清题目后请赋分,认为最符合自己情况的记2分,比较符合的记1分,介于符合与不符合之间的记0分,比较不符合的记–1分,完全不符合的记–2分。

1. 做事力求稳妥,不做无把握的事。
2. 遇到可气的事就怒不可遏,想把心里话说出来才痛快。
3. 宁可一个人干事,不愿很多人在一起。
4. 到一个新环境很快就能适应。
5. 厌恶那些强烈的刺激,如尖叫、噪声、危险镜头等。
6. 和人争吵时,总是先发制人,喜欢挑衅。
7. 喜欢安静的环境。
8. 喜欢和人交往。
9. 羡慕那些善于克制自己感情的人。
10. 生活有规律,很少违反作息时间。
11. 在多数情况下情绪是乐观的。
12. 碰到陌生人觉得很拘束。

13.遇到令人气愤的事，能很好地自我克制。

14.做事总是有旺盛的精力。

15.遇到问题常常举棋不定，优柔寡断。

16.在人群中从不觉得过分拘束。

17.情绪高昂时，觉得干什么都有趣；情绪低落时，觉得干什么都没有意思。

18.当注意力集中于一事物时，别的事物就很难使我分心。

19.理解问题总比别人快。

20.遇到不顺心的事从不向他人说。

21.记忆力强。

22.能够长时间做枯燥、单调的事。

23.符合兴趣的事，干起来劲头十足，否则就不想干。

24.一点小事就能引起情绪波动。

25.讨厌做需要耐心、细致的工作。

26.与人交往不卑不亢。

27.喜欢参加热烈的活动。

28.爱看感情细腻、描写人物内心活动的文学作品。

29.工作学习时间长了，常感到厌倦。

30.不喜欢长时间谈论一个话题，愿意实际动手干。

31.宁愿侃侃而谈，不愿窃窃私语。

32.别人说我总是闷闷不乐。

33.理解问题时常比别人慢些。

34.疲倦时只要短暂的休息就能精神抖擞,重新投入工作。

35.心里有事,宁愿自己想,不愿说出来。

36.认准一个目标就希望尽快实现,不达目的,誓不罢休。

37.同样和别人学习、工作一段时间后,常比别人更疲倦。

38.做事有些莽撞,常常不考虑后果。

39.别人讲授新知识、新技术时,总是希望他讲慢些,多重复。

40.能够很快忘记那些不愉快的事情。

41.做作业或完成一件工作时总比别人花费的时间多。

42.喜欢运动量大的剧烈活动,喜欢参加各种文体活动。

43.不能很快地把注意力从一件事转移到另一件事上去。

44.接受一个任务后,就希望把它迅速解决。

45.认为墨守成规要比冒风险强些。

46.能够同时注意几件事物。

47.当我烦闷的时候,别人很难使我高兴。

48.爱看情节起伏跌宕、激动人心的小说。

49.对工作抱认真谨慎、始终如一的态度。

50.和周围人的关系总是相处不好。

51.喜欢复习学过的知识,重复做已经掌握的工作。

52. 喜欢做变化大、花样多的工作。

53. 小时候会背的诗歌，我似乎比别人记得清楚。

54. 别人说我"出口伤人"，可我并不觉得这样。

55. 在学习生活中，常因反应慢而落后。

56. 反应敏捷，大脑机智。

57. 喜欢有条理而不甚麻烦的工作。

58. 兴奋的事情常使我失眠。

59. 别人讲新概念，我常常听不懂，但是弄懂以后就很难忘记。

60. 假如工作枯燥无味，马上就会情绪低落。

结果分析

胆汁质气质类型题号：2、6、9、14、17、21、27、31、36、38、42、48、50、54、58。

多血质气质类型题号：4、8、11、16、19、23、25、29、34、40、44、46、52、56、60。

黏液质气质类型题号：1、7、10、13、18、22、26、30、33、39、43、45、49、55、57。

抑郁质气质类型题号：3、5、12、15、20、24、28、32、35、37、41、47、51、53、59。

我们需要看每种气质类型的总分。如果你在某种气质类型上的分数均高于其他三种气质类型的分数4分，则可定为该气质类型的人。同时，该气质类型的分数超过20分，则为典型型。如果得分在10—20分之间，为一般型。若两种气质类型的分数差异小于3分，又明显高于其他两种达4分以上，可判定为两种类型的混合型。同样，如果三种气质类型的分数高于第四种，而且很接近，则为三种气质的混合型。

孩子过分追求瘦怎么办？

美不应当美在天然上，而应当美在灵魂上。

——[俄]契诃夫

表现："每天起床第一句，先给自己打个气。每次多吃一粒米，都要说声对不起。魔镜魔镜看看我，我的锁骨在哪里？美丽，我要美丽，我要变成万人迷。"

常见指数：★★★★★

影响：孩子过度追求瘦，如同心里装了一把巨大的尺子，时刻度量自己。在认知上，会把大量的时间和精力浪费在身体变化上，无心学习。在情感上，会不时涌现出对身体的不满意和消极情绪，自信心不足，自我价值感降低。在行为上，会采取诸如饮食控制、过度运动等不健康的体重控制行为，严重的甚至引发神经性厌食症或暴食症等饮食障碍。

根本原因：追求瘦，是因为我对身体不满意
（消极的身体意象）

青春期的孩子由于缺乏对身体全面、客观的认识，会强化和放大理想身体自我（想要达到的身材）与现实身体自我（实际拥有的身材）之间的差距，如认为自己过于肥胖、胳膊和大腿过于粗壮等。这会导致他们对现实身体自我极其不满意，进而采取节食、过度运动等手段来盲目追求"瘦"（心理学称为"瘦理想"）。

身体发育带来的心理变化

青春期是童年走向成年的过渡阶段，在此阶段，孩子要经历破茧成蝶般的生长爆发期，全身各部分的发育速度都显著加快，身高、体重均有明显增长。孩子对自己身体的熟悉感消失了，取而代之的是被装进陌生的成人躯壳中的惊慌失措。这种"不合身"感会使他们尤为关注自己的身体，烦恼、焦虑也如暴风骤雨接踵而至：男孩担心自己不够高大，女孩则担心体形不够优美。于是，他们开始不停地照镜子，仔细地审视自己，并力图掩饰或修正自己认定的不完美之处。面对这种情况，建议你分两步走：

第一，了解孩子的身体不满意水平（详见后文问卷），引

导其用辩证的眼光评判自己的身体，不要过分拘泥于某方面的不足，尝试用多维度标准看待自己的外在。例如，虽然我不高，但身体灵活，比例匀称，有着健康之美。

第二，常做积极特质练习，让孩子站在镜子前面，至少说出十个关于自己的积极特质。如"我喜欢我的手臂、我的长腿""我喜欢我又长又黑的头发""我喜欢我的笑声""我是一个很好的朋友"等。

"假想观众"效应

随着青春期孩子自我意识的迅速发展，他们对自我的关注首先指向身体外貌，十分关注自己的身材、衣着等，希望通过"外在美"让同性羡慕，使异性倾倒。他们时常觉得自己是人群中的焦点，就像处在聚光灯之下，一举一动都牵引着别人的目光（心理学上称为"假想观众"），好似其他人和自己一样在密切地关注自己的外表和行为，并十分在意别人对自己的评价。为了避免外貌的不漂亮或任何可能遭致尴尬、嘲笑、被拒绝等影响个人形象的情况发生，孩子会时刻留意自己的外貌和一言一行，比如频繁照镜子、称体重。一旦发现体形稍显丰腴，就会有意识地节食、减肥，试图时时修正自己的外貌。对此，你要充分理解孩子，关注外貌是青春期孩子的正常心理，在此基础上，你需要引导孩子客观地评价自己的容貌。例如，让孩子用小卡片列出对自己的相貌不满意的地方，帮助和引导孩子对这些负面认知进行一一反驳，并重建认知，树立起孩子对自己，尤其是自己的外貌的自信心。

关键原因：社会文化因素无孔不入（三重影响模型）

心理学家提出了"三重影响模型"，详细揭示了媒体、家庭、同伴对孩子"过分追求瘦"这一心理的影响。

"以瘦为美"的社会风气

部分现代媒体倡导的以瘦为美的审美观促使孩子追求"瘦理想"身材。这类媒体宣传正在悄悄置换关于"美"的标准，重新定义了未成年人梦寐以求的模样。一项心理学调查结果显示，自1950年以来，电视节目中苗条人物的数量一直在上升，而肥胖人物的数量却在持续下降。这种变化潜移默化地重塑着青春期孩子的审美观，对理想身材的追求有着导向作用。这种导向随着网络与媒体的多样化越发无孔不入，孩子稍不留神便会中招：用部分媒体宣传的标准来审视自己的身体，进而引发对自己身体的不满。对此，教给你三个小妙招：第一，帮助孩子树立健康的理想身体观念，正确认识身体美标准的多元化特征，比如，以"不同文化、历史时期的身体美的标准""身体美与女/男性美的关系"等为主题与孩子展开讨论。第二，引导孩子了解心灵美的重要性，鼓励其更多地关注内在修养，帮助孩子树立"腹有诗书气自华"的观念。第三，巧用明星效应。例如，利用网络上掀起的追求健康美的风潮，带领孩子一起跳健身操、燃脂舞，既能强身健体，又可宣泄不良情绪，一举两得。

父母对孩子身体的评价

父母对孩子身体的评价会影响其身体意象的感知、审视和建构。很多时候，父母会不知不觉地透露出对孩子身体的负性描述，而这些信息却往往成为孩子过分追求瘦的重要信息来源。如家人在饭桌上闲聊时说孩子太胖了，甚至调侃般地用"小胖"等绰号称呼孩子，这些"说者无心，听者有意"的情境都会在孩子心里留下阴影，犹如往孩子手中硬塞进一个放大镜，让他看到了自己被放大的不足之处。因此，在家中，你要特别注意避免开这些无情的玩笑，要知道，孩子这节"车厢"的运行轨迹得益于作为火车头的你如何引领，请多加关注孩子的内部特征，对孩子的评价从气质、品德、涵养、能力等入手，而不是仅仅抓住身体外貌进行直观评价。心地善良总是和美貌连在一起的，面容是内心的镜子。

同伴间的社会比较

社会比较理论认为，人们只有通过与他人的状态进行比较，才能形成对自己状态的明确评价。在身体外貌上，这个理论同样适用。孩子会与朝夕相处的同伴进行外貌比较,以此获得对自己体貌的评价。然而,青春期孩子的社会比较往往缺乏具体的、客观的评价标准,主要表现在经常上行比较(与比自己好的人比较)。例如,经常和体形匀称、相貌姣好的同伴做比较,会觉得别人非常完美,而自己处处是缺点。无独有偶,一旦被比较的同伴在群体中颇受欢迎,就会强化孩子的错误信念,进而导致自信水平更低,身体不满意度更高。对此,聪明的你要教会孩子辩证地看待外貌的价值,学会透过现象看本质:不应只看他人因外貌赢得别人欢迎的表面现象,而应看到他人身上具备的那些吸引人的内在品质,让孩子意识到真正的美是由内而外的,这点至关重要。

此外,身边大量同伴对减肥的渴望和表达(心理学称为"肥胖谈论"),诸如"我太胖了,我需要减肥""再不减肥,就穿不了好看的衣服了"等,以及很多同伴对自己的减肥行动、计划和效果的大肆宣扬,也会刺激孩子追求瘦的敏感神经。要学会引导孩子做积极身体意象的维护者,当同学或朋友谈论"瘦即理想"时,可以让孩子加以反驳,表达拒绝"瘦理想"的理念,对自己充满自信。例如,当朋友问"我穿这件衣服显胖吗?"时,孩子可以回答"衣服穿起来舒服才是最重要的",或者"我觉得这件衣服特别适合你,你穿上超级好看"。

读到这里，或许你已经明晰了孩子为什么会过分追求瘦，需要注意的是，除了上述这些，有些孩子在接受、加工与身体相关的信息时，天生就比其他人敏感。心理学用自我图式理论来解释这种现象。"自我图式"是指与自我概念有关的具体知识结构和认知表征。那些具有"负面身体自我"的人形成了扭曲的和负面的身体自我图式，它包含对体重、体形和食物等信息的刻板化、情绪化和过分强调的评价。一旦周围环境中出现与体重、体形和食物等图式相关的信息，会导致负面图式的自动激活，从而使图式相关内容的获得性更高，加工更精确、更容易，在不同信息加工阶段产生选择性注意、判断和存储。比如，在众多词汇中优先注意到与"胖"有关的词，将模糊或中性信息同样解释为与胖有关的信息，记住更多与体形有关的信息等。这种由负面图式而产生的认知偏向，会指导个体的相应行为。这就是生活中有的人固执地认为自己"不能穿没有领子的衣服"或"不能穿露小腿的裙子"的原因。

写给孩子的信

渺渺：

见信好。

今天是三月二十九日，恰逢你十六岁的生日。

当我写下"十六"这个字眼的时候，着实被它吓了一跳。在过去的时光里，你像个小魔术师一样，让自己展现出我不曾设想过的样子，也让岁月的痕迹刻在了妈妈的脸上。

就在几天前，妈妈在思考要不要送给你一件象征着"成人"的礼物时，偶然发现新买的高跟鞋似乎被偷偷动过，梳妆台上的口红也好像被调换了位置。惊讶之余，妈妈也很开心，渴望梳妆打扮是一个人成熟的标志。然而，小魔术师似乎也有了新的烦恼：开始对身体越发在意了。平日里，她会经常站在电子秤上称体重，还总找机会去照镜子，好像镜子能回答什么困惑一样。好几次，你说你不想吃晚饭了，或者把我给你盛好的满满一碗饭拨出去一大半，说要少吃碳水，这样有益健康。看着你可爱的样子，我总有些似曾相识。直到前几天，妈妈跟你姥姥聊天，她都忍不住吐槽我："别说她，你小的时候也这样！"面对这样哭笑不得的回答，我才发现，原来这般年纪的孩子都会在体重上偷偷下功夫，也都会执拗地认为控制饮食是一剂良药。

妈妈想说的是，以少吃饭来减轻或维持体重最终会以失败告终。也许你会反驳：我最近明明变瘦了！可真相却总是无情而刻骨的：的确，"咬紧牙关"在最开始会有一种立竿见影的效果，今晚少吃二两米饭，明天上秤瘦一斤，遗憾的是，许久之后你会发现：体重再也不会遂心下降，搞不好还会涨上几斤。

国外有一档真人秀，叫《超级减肥王》，参赛选手大多属于严重肥胖人士。他们要在三十周里，靠少吃饭和运动尽可能地减重。减掉最大斤数体重者为冠军，可以获得一笔奖金。有一位选手甚至减掉了过半的体重，直接把自己从"肥胖"变成"过轻"。不过，令人意外的是，在对他们随后的六年追踪中却得出了令人伤心的结论——这些选手千辛万苦减下来的肉，绝大部分又长了回来。

真相有这样耸人听闻吗？或许你不太相信。妈妈做了一些功课，请听我娓娓道来。

20世纪中叶，科学家们发现了"下丘脑"，这个小东西是控制食欲、饥饿感和热量平衡的核心器官。但很快，他们又发现下丘脑不是一个人在战斗，和它并肩作战的还有许多感官（视觉、嗅觉、味觉）、情感（喜欢、渴望）等其他系统，它们组团作战的目的只有一个：保持身体的供求平衡，维持身体机能正常运作。当我们任性地把自己饿成一个瘦子，并试图保持战果的时候，大脑中的这些小伙伴就会蜂拥而至，在幕后使出浑身本领，软硬兼施，来破坏我们的减肥成果。你会比原来饿得更快，饥饿感更强。因为饿，你开始焦躁不安，百爪挠心；因为饿，你对食物的感知能力开始变得更加敏锐；因为饿，舌尖上的记忆一个一个变得更加鲜活起来；因为饿，甜滋滋、油腻腻的东西开始让你浮想联翩，就连原来不喜欢吃的东西也开始变得可爱了；因为饿，你食欲大增，胃口大开，从"一元换大杯"的奶茶到独自一人也要享受"第二份半价"的蛋糕，身体防线被突如其来的超负荷冲击着，你却压根不会意识到任何"危险"的存在……

听到这儿，或许你已明白了妈妈的担心，追求健康苗条的身材固然好，但想靠短期内忍饥挨饿不是正确方式，最终结果很可能触底反弹——饿着饿着就胖了。现在你可以做的，就是放弃"急速减肥"的虚幻想法，减得慢一点、稳一点，在平衡膳食结构、满足养分需求的前提下，坚持锻炼，养成运动的习惯，慢慢减到适合你的目标体重，让大脑和身体一起逐渐适应，才可能保持长久的健康！

想写给你的话还有很多，这次挑了一个你比较关心的话题。"白幼瘦"不是衡量美的唯一标准，但健康永远是你获得自信与追求美丽的基石。身为女性，不同的时段有不同的美，你脸上那满满的胶原蛋白妈妈不知道有多羡慕，那是青春，是力量，是蓬勃的朝气。你打开微信就能看到生日礼物了，妈妈买了一个运动健康软件的全年会员卡。去吧，在健康的路上，永不停步。

　　生日快乐，宝贝！十六岁，本就该如花绽放。

永远爱你的妈妈

进食障碍问卷
——身体不满意分量表

请认真阅读题目，根据你的真实情况在相应数字上打"√"。

题目	从不	很少	有时	时常	通常	总是
1. 我觉得我的腹部太胖了。	1	2	3	4	5	6
2. 我觉得我的大腿太粗了。	1	2	3	4	5	6
3. 我觉得我的腹部胖瘦不合适。	1	2	3	4	5	6
4. 我对我的体形不满意。	1	2	3	4	5	6
5. 我对自己臀部的形状不满意。	1	2	3	4	5	6
6. 我觉得我的腰围太粗了。	1	2	3	4	5	6
7. 我对自己的大腿粗细程度不满意。	1	2	3	4	5	6
8. 我觉得我的臀部太大了。	1	2	3	4	5	6
9. 我对自己腰围的尺寸不满意。	1	2	3	4	5	6

结果分析

该量表由加纳（Garner）等人于1983年编制，共9个题目，采用6点评定，从"1=从不"到"6=总是"，按严重程度依次计分。根据《进食障碍评分手册》，总分超过22分，则符合消极身体意象的诊断标准，分数越高，相关问题越严重。必要时，请寻求专业人士的帮助。

3 成长，80%在家长的视线之外

如何帮助孩子结交真正的朋友？

> 友谊是灵魂的结合，这是两个敏感、正直的人之间心照不宣的契约。
>
> ——[法]伏尔泰

表现："交朋友并不难，但想要交到'真朋友'就是另一回事儿了。"

常见指数：★★★★★

影响：错误交友观的影响是潜移默化的：轻则会让孩子走进友谊的误区，失去获得健康、良好友谊的机会，影响其心理健康；重则可能导致孩子交友不当，甚至做出一些违法乱纪、危害社会的行为。

家长不可能永远把孩子放在"无菌室",以避免孩子交到损友。因此,想要帮助孩子建立和发展良好的友谊关系,你的首要任务就是帮助孩子揭开友谊关系的神秘面纱,让其了解友谊的本质及发展过程,并在此基础上引导孩子多交益友。

常见误区一:"两肋插刀才是真朋友"

在与朋友的相处过程中,青少年渴望得到同伴的认同,并获得归属感。因此,经常出现的误区是"好朋友能为彼此赴汤蹈火、两肋插刀"。如果错将这种想法当成朋友间的肝胆相照,孩子们会陷入一个巨大的陷阱:一声"好兄弟""好姐妹"拥有的神奇魔力,会让孩子快速认为自己和某人是"一伙的",既然如此就要有福同享、有难同当。但这一声声看似亲切的呼唤,也可能让孩子迫使自己越界出格,做出让自己后悔终生的事情。那么孩子为什么会走入这个误区呢?

不理解友谊的真正含义

有些孩子并不了解什么是真正的友谊,他们片面地认为友谊就是朋友间的有难同当,如果在朋友需要时不能鼎力相助就是不够义气。这种错误的认知导致很多孩子为了维护他们所谓的朋友,做出一些冲动的、不恰当的行为。在这种情况下,你可以创造机会让孩子邀请朋友来家里玩耍(如在家里举办生日会），留心孩子和朋友的相处模式，随后引导孩子分析朋友的特点，并和孩子一起探讨"什么是真正的朋友"，逐步引导孩子明白，真正的朋友和"哥们儿义气"不同，前者是一种纯粹的情感，而后者夹杂了一些自私利己的味道。

影视作品的渲染

电影里关于"兄弟情谊""哥们儿义气"的桥段，以及一些打打杀杀的画面，难免会让一些孩子受到影响，进而效仿其中的过激行为。对此，你可以明确地告知孩子，影视情节不同于现实生活，里面往往带有夸张与渲染的色彩。同时，可以搜寻现实生活中类似的案例和孩子一起分析。现实案例的鲜明性和警示性可以让孩子直观了解到盲目遵循所谓的"哥们儿义气"产生的严重后果。

家庭关爱的缺失

有些孩子可能因为一些客观原因，缺少父母的陪伴和支持，心里的情感需求得不到回应。因而，当家庭无法给予他们渴望的关心和爱护时，他们只好选择从其他地方寻求支持、认同和归属。这就有可能造成孩子为了不被团体排斥、抛弃，做出一些"为朋友赴汤蹈火"的行为。面对这种情况，家长需要和孩子认真沟通，了解孩子的内心需要，审视自己是否给了孩子足够的关爱、尊重和支持。当孩子在家庭中得到了足够的关爱和支持后，便会慢慢脱离不良团体。同时，你可以在与孩子的相处过程中，潜移默化地培养孩子的人际交往技能，也可以通过夏令营、兴趣班等方式让孩子认识更多的伙伴，为他的交友提供更多的选择。

父母成为不良行为的榜样

家长是否平时总爱"讲义气"？是否在孩子面前说过"为了朋友，我可以上刀山下火海"之类的话语，并有过相应的行为表现呢？在这种言行的熏陶下，孩子很容易将这类观念根植在脑海中，并外化成自己的行为。如果是这种情况，你需要先改掉自身的习气，然后引导孩子一起努力，共同改变。在这个过程中，你可以通过制作打卡表，将自己的改变和进步通过"日打卡"或"周打卡"的形式呈现出来，让孩子直观地看到你的变化，这样能更有力地说服孩子一起做出改变。切记，如果自己不改变，却一味指责孩子"屡教不改"，可能会使事情发展得更糟。

常见误区二：朋友应当无条件地满足对方的所有请求

不懂互惠

"要不是他经常给我买零食，我才不要和他做朋友呢。"你小时候是否也有过类似的经历？有一些孩子结交朋友的前提是看对方能否给予自己好处，还有一部分孩子甚至偏激地认为朋友对自己的帮助是理所当然、天经地义的。这些表现都是因为孩子还不明白"友谊是互惠互助的"。事实上，只有资源共享、互助友爱的关系才可以让友谊更好地维持和发展。如果你发现自己的孩子总是被所谓的朋友一味地索取，可以先判断孩子在这段关系中的状态，加以安慰，然后引导孩子意识到这种互动是不健康的，真正的友谊是建立在互惠互助基础上的心与心的沟通，最后帮助孩子制订方案逐步解除这种有害的关系，如拒绝给对方买零食或者拒绝替对方值日等。

放弃自己的原则

有些孩子不敢拒绝朋友，害怕与朋友产生分歧或冲突。为了避免与朋友发生冲突，只得不断妥协、忍让，慢慢丧失自己的原则和看法，变得人云亦云、丧失自我。但人非圣贤，孰能无过？朋友也只是芸芸众生中的一员，不可能事事皆对。比如，有的孩子被他的朋友要求在考试中帮助作弊。像这种情况，我们应教育孩子必须态度坚决地拒绝。同时，可以建议孩子帮助朋友补习功课提高成绩，而不是采取考试作弊这种错误方式。

上述对友谊误区的分析只是揭开了友谊关系的神秘面纱的一角。那友谊关系到底是什么呢？友谊在青春期孩子的发展过程中有多重要呢？或许下面的一些专业知识能够让你对此有更清晰的认知。

从心理学的视角来看，友谊关系是两个人之间自愿建立的一种可以相互依赖的双向关系，在这个过程中，彼此相互陪伴、帮助和支持。在青春期，友谊关系开始发生两大变化。第一，青少年与同伴相处的时间越来越多，与家人相处的时间相对减少。于是，孩子从家人处受到的影响逐渐减弱，从朋友处获得的支持逐渐增加。第二，青少年的依恋对象开始由父母转向朋友。他们开始更多地从朋友处寻求亲近，且不愿与朋友分开；遇到困难时更加倾向于向朋友寻求帮助以获得建议和支持。

友谊关系对青少年群体的发展具有重要的积极作用。健康良好的友谊关系可以减少孩子的孤独感，为孩子提供社会支持并提高其生活满意度，促进孩子的心理健康，促进孩子对社会技能的掌握，帮助孩子认识自己，帮助孩子适应新的环境。

既然友谊这么重要，家长应该如何引导孩子结交真正的朋友呢？首先，尊重孩子交朋友的权利，参与但不要强势干涉；其次，培养孩子正确的交友观，潜移默化地培养孩子的人际交往技能；再次，帮助孩子扩大交友圈；最后，教会孩子辨别并拒绝"毒友谊"（"毒友谊"的特点大致可概括为一味讨好对方、一味地被动服从、自尊心受挫、被排斥）。

友谊并不神秘，也不复杂，相信在知晓友谊的本质后，你可以结合上述办法，帮助孩子慧眼识人，以心交心，结交真朋友。

写给孩子的信

亲爱的立立：

初中生活的开始，意味着你已踏入懵懂的青春期，开始探索新的人生阶段。我们为你的成长感到高兴，也对你开启的人生新阶段满怀期待。孩子，你为人善良、仗义，喜欢交友也乐于帮助别人，我们为你身上具备的这些良好品质感到骄傲。这段时间听你东一嘴、西一句地讲述初中的新生活、结交的新朋友，我们由衷地替你开心，很显然，你已顺利度过了最初的适应期，开始有了自己的社交圈子。

爸爸、妈妈也敏锐地感觉到，是时候该对你"放手"了，你需要走入同龄人的世界，需要去了解别人在说什么、想什么，也同样需要让其他人了解你，这是人在成长路上必要的社会化。我们尊重你选择朋友的权利，但是也难免担忧你"遇人不淑"。都说良师益友是一生的财富，但并不是每个人都能如此幸运。人生一世，总难免有些"道不同"的人想带你步入歧途，能不能及时地"不相与谋"则要看你的本事了。"真朋友"可以在你需要时提供帮助和陪伴，还可以在你犯错误的时候及时拉你一把。他们不会利用你，也不会要求你做违背自己原则的事情，更不会因为你拒绝他的要求就和你绝交。这些朋友，会是你坚强的后盾，你们共同成长，彼此成就。但若所遇非人，结交不良团体，却会危及你的成长，影响你的情绪，让你无法形成对自我的正确认知，严重的甚至会带你走上违法犯罪的道路。因为工作原因，爸爸、妈妈见过太多因交友不慎而误入歧途的青少年，也每每忆起他们背后那些陷入苦痛的家庭。诚然，人际交往不可能存在无菌环境，但爸爸、妈妈的经验却可以成为你的"抗生素"。

虽然结交朋友不限于时间、场合，但想要结交真正的朋友却并不容易。先别着急评判你的"朋友圈"，不妨先了解一些基本的交友原则。首先，要学会爱自己，不要为了朋友而放弃原则和底线，因为原则代表着你最后的自我。其次，学会接纳和包容他人，尊重差异，友谊是独立之花互相辉映，而不是万绿丛中唯一的红。再次，你要学会辨别虚情假意的朋友。最后，当与朋友产生分歧和冲突时，要坦诚地面对、积极地沟通和解决，和所有亲密关系一样，友谊也需要你花费精力，悉心维护。

当然，如果你真的发现一段友谊是不健康的，也要敢于结束它。结束一段你并不享受的友谊关系，会减少你的烦恼。不知道你是否了解，关于友谊也存在着这样一个有趣的网络节日，叫"国际友尽日"，是每年的11月17日。人们在这个节日里捍卫真正的友谊，删掉虚假的关系。"友尽"并不难堪，被不健康的关系裹挟的人生，才会狼狈。

说了这么多，也只是希望你在寻求友谊的路上能欢快地前行。去吧，你会有争论观点的诤友；会有一起奋发的学友；会有在雨中畅快奔跑，为了一个进球而击掌欢呼的伙伴；也会慢慢找到精神契合的知己。

我们期待着你未来的分享，期待你的初中生活绽放光彩！

爱你的爸爸、妈妈

友谊质量量表

提到最好的朋友，相信在你的心里一定会浮现出一个名字，你想知道你和挚友的友谊质量如何吗？下面这个小测试能测一测你们的友谊质量。其中，"1"表示"完全不符合"，"2"表示"不太符合"，"3"表示"比较符合"，"4"表示"完全符合"。请根据你们在交友中的实际情况，选择一个最符合的答案，并在对应的数字上打"√"。

题目	完全不符合	不太符合	比较符合	完全符合
1. 她/他告诉我，我很能干。	1	2	3	4
2. 我们课间总在一起聊天或玩耍。	1	2	3	4
3. 我们常常互相生气。*	1	2	3	4
4. 做事情时，我们总把对方作为同伴。	1	2	3	4
5. 如果有人在背后说我的坏话，她/他会为我说话。	1	2	3	4
6. 她/他使我觉得，我们彼此都很重要并与众不同。	1	2	3	4
7. 我们会在同学面前公开指责对方。*	1	2	3	4
8. 她/他有时对别人说我的坏话。*	1	2	3	4
9. 当我们在一起时，会尽力使对方感到愉快。	1	2	3	4
10. 即使别人不喜欢我，她/他也会喜欢我。	1	2	3	4

题目	完全不符合	不太符合	比较符合	完全符合
11. 她/他告诉我，我很聪明。	1	2	3	4
12. 我们总在一起讨论我们所遇到的问题。	1	2	3	4
13. 她/他使我对自己所持有的观点感到自信。	1	2	3	4
14. 当我遇到生气的事情时，我会告诉她/他。	1	2	3	4
15. 我们经常帮助对方排除烦恼。	1	2	3	4
16. 我们特别愿意帮对方的忙。	1	2	3	4
17. 我们在一起做很多有趣的事情。	1	2	3	4
18. 我们常常争论。*	1	2	3	4
19. 我相信她/他会信守承诺。	1	2	3	4
20. 她/他常给予我解决问题的忠告。	1	2	3	4
21. 我们一起讨论使我们感到难过的事。	1	2	3	4
22. 我们发生争执时，很容易和解。	1	2	3	4
23. 我们常常打架。*	1	2	3	4
24. 我们一起分享东西。	1	2	3	4
25. 她/他不把我的秘密告诉别人。	1	2	3	4
26. 如果我们互相生对方的气，会在一起商量如何才能使大家都消气。	1	2	3	4
27. 我们常常打搅对方。*	1	2	3	4

题目	完全不符合	不太符合	比较符合	完全符合
28. 我们有了好消息总是第一个告诉对方。	1	2	3	4
29. 她/他帮助我尽快完成任务。	1	2	3	4
30. 我们能很快淡忘我们之间的争执。	1	2	3	4
31. 我们互相告诉对方自己内心的秘密。	1	2	3	4
32. 我们互相诉说各种秘密。	1	2	3	4
33. 她/他关心我的喜怒哀乐。	1	2	3	4
34. 当我们观点不一致时，能开诚布公地谈出自己的观点。	1	2	3	4
35. 当我们彼此不能说服对方时，能够尊重对方的选择。	1	2	3	4

结果分析

《友谊质量量表》(于静，2015)共包含35个题目，标记"*"的题目，选"1"计4分，选"2"计3分，选"3"计2分，选"4"计1分；没有标记"*"的题目，选"1"计1分，选"2"计2分，选"3"计3分，选"4"计4分。

你的分数越高，代表你和你最好的朋友的友谊质量越高，那么恭喜你，你拥有了让人羡慕的高质量友谊。如果你的分数有些低，也不要担心，通过本章的学习，相信能帮助你对友谊关系产生新的认识。

请注意，如果在标记"*"的题目上，你的得分很低，则表示你在处理友谊关系时存在一定问题了，这些问题可能源自你对友谊的一些误解。

有一种成长叫作克服"社交焦虑"

> 友谊之光像磷火,当四周漆黑之际最为显露。
>
> ——[英]克伦威尔

表现:形单影只、孤芳自赏。

常见指数:★★★★

影响:有社交焦虑的人总觉得自己像一座孤岛,无人问津,也无人在意。他们时刻渴望着过往的船只从自己面前经过,期盼有人可以在此驻足停留。可待到船只真的来了,他们的第一反应却是"我该藏在什么地方好呢?"人际交往是人在进化过程中形成的一种基本需求,跟进食、睡眠同等重要。人际关系贫乏会危害身心健康,其危害程度与抽烟、高血压、高血脂、过度肥胖或缺乏运动等一样严重。

心理学家埃伦·亨德里克森说:"不要把社交焦虑看作锁住你的链条球,你可以捡起球带着它走。"打败焦虑最好的方式,就是去做那些让你觉得焦虑的事情,而不是自我安慰"我现在只是害羞,长大了就不这样了"。

我从小到大都是这样,我可能习惯于一个人(自我意识)

每个人都需要独处,片刻安静是缓解生存焦虑的必要,我们对于独处的需求程度也远超过实际上能够独处的时间。可是,每个人也都有自己独处的临界点,超过这个临界点,本来愉快的独处就会变成痛苦的孤独。换句话说,我们需要独处,但我们更需要友谊。

过度害羞是社交焦虑的"面具"

害羞者往往会陷入人际关系的窘境:内心渴望与人交往,表现出来的却是尴尬难言或漫不经心。他们宁愿选择孤独,也没有勇气承担被拒绝的风险。比如,明明知道答案,却不敢举手回答老师的问题;如果别人不过来主动认识我,我就不会主动打招呼;班级里最角落的位置,是我长期占据的位置。害羞心理在我们日常生活中并不含贬义。形容一个女孩"害羞",往往还掺杂了"温柔可人"的含义;一个"害羞的男孩"则带着一点青涩、懵懂和少年的腼腆。但是过分害羞,在人际交往中可能并非益事:由于害羞,我们会错过通过倾心交谈才能寻觅到的知心好友;由于害羞,我们会错过无数次拥抱父母、表达爱意的机会,直到岁月无可回头……

那么,我们该如何帮助孩子克服过分害羞的心理呢?关键在于思想和行动的转变,我们可以教孩子从以下几点出发:

第一,摆正心态,学会自我调节。害羞的人经常表现出面红耳赤、脉搏加快、出汗等生理症状。当孩子参加聚会时,可以提醒孩子,社交之前先调整呼吸、放松肌肉,试着握紧拳头再放开,如此重复多次,再开始社交。

第二,跨出舒适区,积极主动地和家人、朋友问好。比如,多主动说"你好""最近怎么样?""很高兴见到你""周末愉快"等日常问候语;一个点头致意、一个微笑、一次挥手、一次眼神的交流,这些细小的举动也将帮助孩子开启新的旅程。

第三,想要再进一步,就需要投入更多的精力,把握身边的机会。比如,先和亲近的家人聊天畅谈,分享自己一天的生活;之后尝试在五个人、十个人面前讲话,不求做到侃侃而谈,只要内心不再胆怯,也是一大进步。通过这样由"近"到"远"、由少到多的练习,相信能够帮助孩子逐渐摘掉"害羞"这张面具。

孩子的社交焦虑源于不当的教育方式

你是否要求孩子少说话、多做事，或者当孩子表现出害怕、退缩的情绪时对孩子予以否定，甚至大声呵斥，给孩子扣上"胆小鬼"的帽子？如果有，这种方式会打击孩子开口表达的信心，增加其人际交流的挫败感，不利于孩子自信阳光地成长。有的家长脾气比较暴躁，有的家长难免将工作中的坏情绪带回家。在高压的家庭环境中，孩子不敢随意说话，他们会用尽量保持安静的做法来维护家庭的"和谐"。这类孩子在人际交往中往往是被动消极的，虽擅长倾听，却不知道如何与人沟通交流。要解决这一问题，父母要从改变自己做起，要用科学的教养方式与孩子相处。

首先，学会理解和尊重。强制和专权的父母虽树立了所谓的家长威严，但孩子的自尊自信却不得不在磐石般的重压下艰难生长。温良谦恭的外表下，隐藏着孩子的敏感和孤僻。民主平等的亲子关系才是家庭教育的根基，父母对孩子的包容和尊重，才是孩子一生最大的底气。

其次，不要轻易打断孩子的发言。孩子喜欢和家长说话，是对家长的信任，很多家长意识不到它的可贵。倾听是了解孩子最有效的途径，父母只有耐心地倾听孩子的诉说，不轻易打断孩子说话，才能获得打开孩子心灵之门的秘钥。

最后，如果孩子在某些方面兴趣浓厚或有天资，比如绘画、音乐或运动，你可以积极鼓励他们发展自己的兴趣爱好，并大方表达对他们的努力和天赋的认可。任何类型的一技之长都可能会提高孩子的自信心，并有利于他们开展社会交往，获得归属感。

虽然我也想认识新朋友，但我害怕被拒绝（交往障碍）

与人交往的过程就像天气会随季节变换一样，有时晴朗温暖，有时风雨交加；有时寒气侵体，有时舒适宜人。虽然我们不能改变外在的"天气"，但可以改变自己对于人际关系的心态。

过分关注自我

有社交焦虑的孩子虽不善言辞，心里却偷偷在意别人对自己的评价，他们看起来虽温和无争，却在潜意识里将自己视为舞台的主角，认为家人、朋友和陌生人都像在审视自己的观众，自己的一言一行都会被无限放大。比如，孩子前往朋友家聚会，当他进入挤满陌生人的房间时，热闹的谈话突然停止。这时，社交焦虑就变身为"放大镜"了："是不是每个人都在看我？""她的眼神充满嘲笑，是我今天的打扮不得体吗？""他俩在说什么悄悄话，是在议论我吗？"这必然使孩子感到紧张，于是他变得手足无措，呆呆地站在原地，进退两难，只能躲在自己的"保护壳"中，想着找个法子悄悄溜走。在一定程度上，过度的自我关注是"内心戏"太多的表现，因为世界并没有盯着你看，人人都倾向于关注自己。但是这种高强度的注意损耗，容易让人筋疲力尽，感到劳累和痛苦。

直接告诉孩子"不要想太多"并不一定有效，我们可以试着这样做：

一、转移注意力。心理学家认为地铁是一个转移注意力练习的训练场所。当你走进车厢时，尽力去记住乘客的外貌：这个人的胖瘦、发型……当你学会把注意力转移到别人身上，并且能在自我和他人之间自由切换时，焦虑指数自然就降下来了。

二、科学地表扬孩子。孩子的社交焦虑很大程度源于不够自信，担心自己的表现达不到完美预期。那么，我们可以表扬孩子，从细小的事情开始。比如，表扬孩子做到了早睡早起，表扬孩子参加了长跑比赛，等等。鼓励孩子学会适当"晒晒"自己的优点，挖掘自己的闪光点，发现自己是一个多么棒的人。成长是一部戏，有欢笑也有泪水，只有自己给自己掌声的人，才能完美谢幕。

自我表露程度不足

有一些人，你们初次相见，却一见如故；又有一些人，跟他们相处良久，却仍对其一无所知。比如，我们有时会疑惑，自己是否是对方的好朋友？他们开心或难过时为什么不和我分享？我总感觉我们之间的关系好像是"塑料友谊"。究其原因，或许是你们之间没有坦诚相待，在交往中保持着一定的心理距离，担心自己的真诚不被理解，不敢将自己最真实的一面呈现给彼此，于是裹着厚厚的铠甲负重前行。

人之相识，贵在相知；人之相知，贵在知心。友情也是需要经营的，以真诚换真诚，可以在自己同朋友之间架起心灵之桥。在两个人交往到一定程度时，主动向对方展现出自己相对"薄弱"的一面，就好像小动物把柔软的肚皮对着熟悉的人一样，代表着信任和依赖，这样可以帮助我们建立亲密的友谊。所以，在交流和沟通之中，我们可以更加真诚、坦率，去表露和展现更多的真实自我，不需要为了自己的形象而去刻意营造某种"人设"。从陌生人到朋友，从朋友到爱人，所有的亲密感都是在自我表露的基础上发展而来的。

心理学研究表明，人类的心理适应，最主要是对人际关系的适应，人类心理会产生病态主要源于人际关系的失调。马斯洛的需要层次理论进一步指出：当生理需要和安全需要基本满足后，社交需要就成为人们的强烈动机。希望和人保持友谊，收获信任和友爱，这就是人的归属感需要。人际交往不仅满足了情感需求，也是我们个人成长的镜像，可以折射出我们不真实和不成熟的一面。同时，建立良好的友谊关系，可以减轻心理压力或压抑带来的疲劳感，在一定程度上增强我们对于"小病小灾"的防御力。所以，学会与人相处是孩子一生的课题，也是父母必备的教育意识，只有父母在教育理念中存有"与人相处"的正确引导意识，孩子才能摆脱心理困惑，迎接全新的自己。

写给孩子的信

亲爱的雨桐：

"儿行千里母担忧。"明天一早，你就要独自踏上高中求学之旅，开启一段人生的新征程了。夜深了，爸爸躺在沙发上，思绪万千。我有太多的话想和你说，有太多的问题想要和你强调。看着你房间的灯光依然亮着，想必你也在兴奋与不安中辗转反侧。思索再三，爸爸决定不去打扰你，而是手写书信一封，作为你远行的礼物。

雨桐，你性格乖巧温柔，细心懂事。成长路上的你，不管是学习还是生活，几乎都不曾让我们操心，每次都能完成得很好。对此，爸爸感到十分自豪。但是雨桐，你知道吗？羞涩、内向虽然听起来唯美、富有神秘感，但凡事过犹不及，它应该有个界限。你习惯于生活在自己的世界中，对你而言，"朋友"可能是一个比较陌生的词语，至于社交，你更是避之不及。爸爸能够感受到，在人际交往方面你有诸多"力不从心"，甚至是茫然无措。人际交往不是习题，没有标准答案，你无法把和某个人的交往方式套用在下一个人身上，简而言之，人际交往很难"模拟学习"。没事的，雨桐，爸爸也曾在人际交往中迷茫、感慨过，所以就交朋友这件事，爸爸想和你交流一二。

  雨桐，学会直面社交焦虑，首先要承认它的存在。心理学家菲利普·津巴多教授的研究发现，大约有40%—60%的人有过害羞和社交焦虑的体验。社交焦虑是一种比较普遍的情绪，它本身并不可怕。而打败焦虑最好的方式，就是赶紧去做那些让你觉得焦虑的事情。比如，你可以将爸妈视为朋友，畅所欲言地表达，我们保证认真聆听；舞蹈不一定要在房间里练，你可以约上同学一起去舞蹈教室互相"飙舞"。雨桐，克服焦虑是成年的"预备役"，或早或晚都要面对。有些人能在短时间内整理好心情，轻松地开启社交之旅；有些人要克服内心漫长的寒冬，走得磕磕绊绊。谁也无法选择止步不前。

  雨桐，你在腼腆、安静之下，有着一颗细腻、敏感而多虑的心。你总是怕自己的形象和表现得不到同学的认可。其实大可不必担心，可能你自我感觉今天的表现不尽如人意，但实际上，同学们对你赞赏有加。真正的朋友，是懂得你的喜怒哀乐，懂得你的无可奈何，是可以在你强颜欢笑的时候，能一眼看出你的难过。所以，请做真实的自己，在不伤害别人的基础上自由地表达。我相信，你的朋友也很乐意看到你的变化。而且,你知道吗?我们平常所担心的事情,90%都不会发生的,不必庸人自扰。

  雨桐,外面的世界没有你想象中那么"麻烦",生活的模样千姿百态。如果把社交看作一种压力,不如把它看作一种邂逅美好的途径,也许会更轻松?虽然有些邀约的确会让你不知所措,但或许,那只是他人的一种善意的表达。要相信大部分人会尊重你的选择,因为他们也在等待你的尊重。所以,请不要收回感受世界的触角,一旦你放下抵触、放下成见,也许就会发现这个世界比你想象中的更可爱,说不定还会邂逅许多和你一样的"有趣的灵魂"。

  没有人是一座孤岛,我们与这个世界息息相关。伸出手,会有人报以真心;用心听,会有灵魂的回音。"嗨,我是李雨桐,交个朋友好吗?"你到了新的班级,请主动说出这句话。这是爸爸留给你的"功课",希望它能成为你开启一扇交友大门的钥匙。

爱你的爸爸

交往焦虑问卷

请认真阅读每个题目,并根据你的真实情况在相应的数字上画"√"。其中,1=完全不符合,2=有点符合,3=符合,4=非常符合,5=极其符合。

题目	完全不符合	有点符合	符合	非常符合	极其符合
1. 即使在非正式聚会上,我也常感到紧张。	1	2	3	4	5
2. 与一群不认识的人在一起时,我通常感到不自在。	1	2	3	4	5
3. 与异性交谈时我通常感到轻松。(R)	1	2	3	4	5
4. 在必须同老师或者上司谈话时,我感到紧张。	1	2	3	4	5
5. 聚会常使我感到焦虑和不自在。	1	2	3	4	5
6. 与大多数人相比,我在社会交往中可能较少羞怯。(R)	1	2	3	4	5
7. 在与我不太熟悉的同性谈话时,我常常感到紧张。	1	2	3	4	5
8. 在求职面试时我会紧张。	1	2	3	4	5
9. 我希望自己在社交场合中信心更足一些。	1	2	3	4	5
10. 在社交场合中,我很少感到焦虑。(R)	1	2	3	4	5
11. 一般而言,我是一个害羞的人。	1	2	3	4	5

题目	完全不符合	有点符合	符合	非常符合	极其符合
12. 在与一位迷人的异性交谈时我经常感到紧张。	1	2	3	4	5
13. 给不太熟悉的人打电话时，我通常觉得紧张。	1	2	3	4	5
14. 我在与权威人士谈话时感到紧张。	1	2	3	4	5
15. 即使周围的人和我很不一样，我仍能感到放松。（R）	1	2	3	4	5

结果分析

在《交往焦虑问卷》（Leary，1983）中，标记"（R）"的题目为反向计分题，即将"5"改为"1"，"4"改为"2"，"2"改为"4"，"1"改为"5"后再计算总分。本问卷的总分范围为15—75分。总分越高，表示焦虑程度越高。

15—30分：您在社交中态度行为自然，并且充满自信心，是一个成功的交往者。

31—45分：您在社交中表现一般，无特定的紧张和焦虑。

46—60分：您在人际交往中会略显紧张及缺乏信心。希望您在交往中更自信。

61—75分：您在人际交往之前，以及交往过程中，都焦虑及缺乏信心；您关注于在交往中别人怎样看待自己，还担心别人如何评价自己的外表。

怎么改变孩子使用武力解决问题的行为？

> 一切暴力都可以不经斗争就使对方屈服，却不能使对方顺从。
>
> ——[俄]托尔斯泰

表现：易怒冲动，一言不合就动手。

常见指数：★★★★★

影响："冲动是魔鬼"，若孩子在善恶一念间选择了暴力，会带来两种直接后果：一是使受害者身心俱伤；二是使攻击者自己被暴力"吞噬"——伤人后的恐惧感有可能促使攻击者走上歧路。

"人之初，性本善"，但是，为什么随着年龄日渐增长，有些孩子会变得对"用武力解决问题"格外青睐？

面对这种情况，我们要做的就是用温柔与爱化解矛盾，直到我们能突破层层铠甲，走进他们的内心世界，找寻症结，疗愈他们。

常见症结："我想要那个东西，他不给我，所以我要从他手里夺过来"（主动攻击）

对于主动发起攻击的孩子而言，他们的出发点在于想通过该行为获得某种回报，比如通过欺负其他同学来树立自己的"威望"。作为父母，如果此时你选择恶言相向、严惩重罚，孩子的攻击行为非但不会减轻，反而会变本加厉。事实上，更为理性的做法是：冷静克制住自己的怒吼，放平姿态，心平气和地与孩子沟通交流。只有了解暴力的"滔天洪水"从何而来，才能有效选择疏导方式。无论是治理暴力的波涛还是情绪的激流，"堵不如疏"永远是第一法则。

不良的教养方式滋生攻击行为

孩子是父母的缩影，他们犹如一张白纸，其言行是父母用言传身教涂抹上去的色彩。喜欢以武力来征服孩子的父母往往会教育出一个小小的"拳头至上主义者"。信奉"棍棒教育"的家长，往往都有一种"急于求成"的思想——"只有这样，孩子才能更快地成材、懂事，成为我们心目中的好孩子。"家庭是温暖的港湾，不是充满硝烟的战场。在这场和父母的"拉锯战"中，孩子耳濡目染地学会了用"拳头"来处理问题，将造成家庭的"暴力循环"。

了解自己，了解孩子，采用合理的教育方式，才能更有利于孩子的全面发展。我们可以试着参考以下做法：

第一，拒绝做暴力型父母。父母要知道"言传身教"与"潜移默化"的力量，以成年人的姿态和心智率先迈出心平气和的一步，和孩子坐下来畅谈问题所在，让他明白，真正的成熟是理智的分析，而非因一点小事就大打出手的冲动。尤其需要注意的是，父母之间难免有争执、争吵，请不要当着孩子的面起纷争，要尽量给孩子提供和睦温馨的非攻击性环境。

第二，坚持"严慈并济"的养育风格。规则是教育的真谛，化有形之"棍棒"为无形之"教育"，以"惩罚"与"规则"替代挥舞的棍棒。比如，教育孩子尊老爱幼，长幼有序。当孩子触碰到这个底线时，不要以"棍棒"付之，而是做出相应的惩罚，如洗一次碗、抄写一些与此相关的美文选段等，做到"通情"又"达理"。

第三，鼓励孩子进行移情训练。父母可以通过提供移情原型、故事或角色扮演类游戏的形式，指出孩子攻击性行为带来的不良后果，引导其换位思考，设身处地体会被攻击者的痛苦和难过的心情，产生情感共鸣。

网络暴力游戏促使攻击行为产生

网络暴力游戏中的血腥场景逼真刺激，容易使控制力不强的孩子沉迷于网络游戏中。孩子长时间在网络游戏中扮演"英雄角色"，习惯于打打杀杀的场面，有时候会混淆网络世界和现实社会。如果在生活中遇到挫折或者产生了不满情绪，可能会模仿网络游戏中的暴力行为来解决问题。你要关注孩子喜爱的网络游戏、电视节目等，就其中的暴力行为和孩子进行探讨，让孩子分析暴力带来的危害；鼓励孩子在面对种种问题时，运用自己的理性，分析除了暴力之外是否有其他可能的、更加和谐的解决之道。

必须这样做："是他们先嘲笑我，欺负我，我才动手"（被迫攻击）

使用这种攻击方式的孩子通常是受到欺负后，迫不得以"奋起反抗"，这些孩子其实并不是天生好攻击，"以牙还牙"只是无奈之举。

不会好好地表达自己的想法

古人云："一言之辩，重于九鼎之宝；三寸之舌，强于百万之师。"话语的力量是强大的，于孩子而言也同样如此。有时候，他们仅仅是因为没有"好好说话"，不会用言语表达自己的想法，才爆发了不必要的冲突。针对这个问题，你可以鼓励孩子大胆发言，特别是对于性格内向、不爱说话的孩子，更要加以鼓励，耐心认真倾听孩子的心声。此外，还可以给孩子提供练习表达能力的"小秘方"：在自己的房间对着镜子大声朗读，训练自己的体态、眼神和表情。此外，对孩子交谈中的病句、语法错误、表达不准确的地方要及时纠正，培养孩子"会说"的能力。还有一点更为重要，那就是家长在纠正孩子的问题时要注意语气，要以孩子能够接受的方式委婉地提出建议，比如可以这样说：如果你刚才这样表达可能会更好一些。

不会转换思考问题的角度

孩子之间的冲突误解往往具有戏谑娱乐的成分，他们之间并没有那么多的肢体冲突。有时候，如果可以换一个角度思考问题，那么将会看到另一番景象。比如，同学之间互起"外号"本是孩子间的嬉闹，最初的动机可能只是玩笑般开心一下，并没有什么恶意。但是，这种"开心"往往建立在别人的"不开心"之上，甚至给别人带来痛苦。作为家长，可以嘱咐孩子：

"面对绰号一定要沉着,不要放在心上。同学乱给你起绰号时,最不可取的应对之法就是一时激动,针锋相对,你给我取一个,我回敬你一个。如果同学喊你的绰号,你可以不搭理他,让他自己觉得没意思,仿佛一拳打在棉花上。这样,喊不了几次他就会自讨没趣,自动放弃了。"我们还应该鼓励孩子积极称赞、表扬同学,比如A同学学习好,我们可以叫他"小博士";B同学的字写得好看,可以叫他"小书法家"等。这些昵称不仅可以赞美同学,还可以激励自己学习他人的优点。

了解一些心理学知识,会更容易理解上述攻击行为的产生原因。心理学家布朗芬布伦纳认为,家庭环境是作为孩子生活模式、活动选择和同伴交往最基本的载体,能够带给孩子最直接、最深刻、最持久的影响。青少年由于生理快速成熟,而心理发展相对缓慢,处于一种半成熟的阶段,他们还不能很好地控制和调节自己的情绪和行为。作为家长的你,应该为孩子提供适当的自主自由,还要对其进行指导与帮助。一方面,从心理层面来讲,我们可以给孩子做出明确的规定,明确什么能做、什么不能做,而不能等问题出现后再予以警告。要鼓励他们勇敢地说出需要,不要试图通过武力来满足诉求。当孩子陷入攻击性事件时,不要急于介入,更不要替代他们解决矛盾,而应为其创造自主解决矛盾的机会。另一方面,从生理层面来讲,可以引导孩子学会正确宣泄情感的方式。对于自控力较弱的孩子，攻击性情感积聚得越多，过度压抑而得不到释放，其爆发的攻击将会越猛烈，所以要学会引导孩子通过言语倾诉来排解不良情绪，必要时还可以让他们在特定的场合大喊大叫或痛哭一场，也可以通过打沙袋等方式发泄情绪。此外，应鼓励孩子多参与有益的活动，转移攻击性情感，在活动中体验合作的乐趣。

写给孩子的信

亲爱的超然：

　　再过几天，就是你的十二岁生日了，在这里，爸爸提前祝你生日快乐！

　　十二年弹指一挥间，我和你妈妈看着你一天天长大，变成一个充满力量的小男子汉，我们深感自豪、欣慰。

　　最近，我们一直在思考该如何给你过一个有意义的生日，送你一份心仪的生日礼物。但我发现，你妈妈不像往年一样热情高昂、期待满满，反而心事重重、若有所思。在我的追问之下，她告诉我，最近你和同学发生了冲突，并上升到拳脚相向的地步。孩子，说实话，年轻的你们精力旺盛、自尊心强，有时候难免会"比画比画拳脚，一较高下"，所以，我能够理解这种青春的力量。但你妈妈和我说，最近你在学校经常和同学发生肢体冲突，甚至成为同学们眼中的"小霸王"。我回忆了一下，好像你确实比以往多了一些暴躁，在我们面前偶尔也会说出几句脏话。超然，你知道爸爸嘴巴比较笨，屡次想开口跟你谈谈此事，又担心自己表达不清，造成你我之间的隔阂。思来想去，还是把心里话都付之于纸面，望你我共勉！

　　都说内心强大的孩子背后必有优秀的父母作为坚强后盾，超然，爸爸对此感到十分抱歉。有时候我忙于工作，没有时常陪着你一起感受这平凡却多彩的青春之路。我自忖不是一个完美的父亲，这份感情唯有在今后的日子里通过我们更多的相处、陪伴去弥补吧。之所以想陪伴你成长，是因为爸爸也曾年轻过，体验过青春期的血气方刚，那时的我也觉得"拳头才是硬道理"。但你知道吗？暴力是盲目的野兽，并不能从根本上解决问题。一句简单的玩笑上升为暴力，一方面加重了问题的严重性，另一方面造成你和同学的身体伤害，这无疑是得不偿失的。

　　超然，冲动的行为往往由情绪引发，我们都知道愤怒能摧毁理智，释放出滔天洪水般的毁灭之力。一代名臣林则徐曾为控制自己易怒的情绪，在中堂悬挂一匾，"制怒"二字赫然在目。爸爸建议你每次遇到不开心的事情时，尝试先深吸几口气，在心里数十个数，平复一下情绪再开口说话。事实上，在心情稍微缓和之后再来看这个让你发怒的问题，也许会有许多不一样的感受：说不定只是一个误会，说不定事情并没有自己想的那么糟糕，说不定还有其他更好的解决办法。

生活不只有眼前的困扰，还有明天的诗和远方。爸爸很开心可以以书信的方式和你交流。这既是一封给你的"建议信"，也是一节关于我们自己的"反省课"。也许爸妈之间的争吵、情绪的爆发或多或少也给你带来了不好的情绪体验，我和妈妈在此和你说声抱歉，从今以后，我们会做出改变。于此同时，爸爸也建议你以后用语言去化解矛盾，其实很多问题都源于不善表达，好的动机一出口竟变成了伤害。另外，爸爸希望你要常怀善意，善待自己，亦善待他人。外貌、聪明或许是与生俱来的，而善良则是一种选择，一种可以帮助他人，成就自己的选择。孩子，今日若伸出善意之手，你会发现掌心里已握住了整个世界。

爱你的爸爸

怎么让孩子学会躲避他人的伤害？

只有鼓起勇气才是办法！凡是无法逃避的事情，如果光害怕、着急，那只能算是幼稚、软弱。

——[英]莎士比亚

表现："遭受拳头，忍受口水已成为习惯，我是逆来顺受的'受气包'。"

常见指数：★ ★ ★ ★

影响：欺凌给孩子的生活笼罩了一层阴霾：拳打脚踢不仅带来了最直接的身体伤害，也会使孩子变得胆怯、畏缩、心理敏感、情绪抑郁。若不幸遭到长期的欺凌，极易使孩子对学习产生畏难、厌学等情绪，甚至会出现严重的心理问题。如果不能进行及时有效的疏导，欺凌留下的心理创伤会跟随孩子一生。

联合国教科文组织研究报告显示，全世界每三个学生中就有一个曾遭受过霸凌，且霸凌行为在国内外学校中都无法完全杜绝。但在校园霸凌、虐待等行为中，作恶者选择从谁下手，大多数情况下还是有迹可循的。作为家长，我们既要留心孩子的状态，及时发现被欺凌的苗头，也要提前让孩子学会躲避他人伤害的方法，努力做到防患于未然。

受欺凌孩子身上的气质，似乎是一种烙印，会吸引"捕食者"（内因）

你能想象吗？一群花季少女，竟能恶狠狠地对另一个少女拳打脚踢。苦苦求饶不能唤醒她们心中的柔软，反而进一步激发了暴戾。我们无法想象，如此充满恶意的行为，竟出自这些年轻的、不谙世事的孩子之手；若非亲耳听闻，我们无法知晓，世界上竟有这样多无助的灵魂。在叹息的同时，我们也许还会发出这样的疑问：全班、全校那么多学生，为什么被"捕食者"选中的会是她呢？

"我与别人不一样"

外部特异性假设认为，青少年之所以受到欺凌，是因为他们本身具有一些"外部异常特征"，使他们成为"异类"，成为被伤害的首选对象。比如，有的孩子会因为自己相对"肥胖"

而被无底线地捉弄，有的孩子会因为脸上的青春痘被耻笑羞辱……如果孩子因为"我与别人不一样"被欺负，你该怎么办？作为家长，你首先要帮助孩子调整心态：如果有的人单凭外表的"独特"就定义你、欺负你，那他们绝不是你的朋友。如果你因此被孤立，可以寻求老师、家长的帮助，借他人之力解决烦恼之事。此外，还应教育孩子无须过分在意他人的评价，生命的宝贵之处就在于每个人都有着自己独特的生长轨迹。不必将那些动辄大惊小怪之流放在心上，拥有丰富内涵的个体必然会尊重和包容"不一样的他人"，这些"内涵丰富的灵魂"才是值得你交往的对象。

认知偏差

　　认知偏差指的是个体对世界的认知与真实的世界之间的差距。孩子们受限于自身生理和思维的局限性，只能看到世界的一部分。在被欺凌的孩子身上，认知偏差可以体现为以下两种形态。

　　一、消极的自我认知。被欺凌的孩子多半有着消极的自我认知，他们往往拿着放大镜审视自己的弱点，致使自己的自信心降低。被欺负时，更是常常选择忍耐，甚至会自我怀疑，觉得是自己做得不好才会被欺负。这种"不抵抗政策"无形中助长了对方的气焰，使欺凌者更加有恃无恐。如果是这种情况，家长们要注重培养孩子的自信心，善于发现孩子身上的"闪光点"并及时给予鼓励和表扬，帮助孩子学会欣赏自己，能够勇敢做自己。在日常生活中，可以带着孩子进行自信训练，帮助孩子进行积极的自我暗示（"在上次的手工作业中，你的剪纸剪得惟妙惟肖，又发现了你的一个小长处"），提醒孩子走路抬头挺胸、与人说话双眼平视、大胆地拒绝不合理要求等。此外，还可以给孩子布置一些力所能及的任务，让孩子在独立完成任务的过程中获得成就感，逐渐提高孩子的自尊心与自信心。

二、对他人的认知偏差。有一部分孩子总认为其他人对自己抱有敌意，于是像刺猬一样竖起浑身的刺，拒绝与他人友好相处，这有可能导致他们因为不合群而被欺负。与此同时，常处于孤立无援状态中的孩子在活动中也很难得到同伴的支持，这进一步强化了消极的他人认知偏差。如果孩子总觉得"别人的目光都带有敌意"，建议你先和孩子谈一谈：别人的邀请可能是想和你成为朋友的信号，如果我们一味地拒绝他人，可能也会将他人的善意拒之门外。此外，你还可以分享给孩子一些交友的方法，传授一些人际交往的诀窍，如看到别人的优点时要真诚地赞赏，重视他人的需求等。鼓励孩子勇敢融入同伴群体，根据自己的兴趣爱好发展良性的朋友圈子，进而减少被欺凌的可能。

对欺凌事件的错误处理,无形之中将一些孩子塑造成了"完美猎物"(外因)

家长的处理方式出了问题

如果孩子总是受到他人欺凌,可能与家庭对欺凌事件的不当处理有关。当孩子受到伤害、被他人欺侮时,若家长只将这种行为看作是孩子之间的打闹,不加关心,甚至持有"受害者有罪论",苛责"一个巴掌拍不响",会给孩子造成一种巨大的无力感,使其再也不敢向家长倾诉自己的可怕经历。失去家长庇护的孩子只能任由他人摆布。由此看来,是父母的"自以为是"使得孩子失去了表达的欲望,也让家长错过了发现问题、防止伤害发生的最佳时机。这就要求我们在孩子受欺负后不能急于下结论,要引导孩子如实把事情经过讲清楚,和孩子共同分析事情发生的原因,并与孩子共同商讨解决问题的办法,为孩子提供心理支持,做孩子坚实的后盾。此外,在日常生活中,我们也要尽力成为知心父母,成为孩子可以分享、交流的益友,以便及时捕捉孩子发出的"求救信号",将潜在的危机扼杀在萌芽状态,不让孩子沦为欺凌事件中的无助呐喊者。

教养方式不当

青少年在后天成长中形成的低自尊、自卑等特质与其父母早期采用的不恰当的教养方式脱不了关系，青少年遇事逃避、沉默等做法与家长日常的不关注也有一定的关系。依恋理论认为，个体早期形成的依恋类型会影响其日后的"内部工作模式"，即处理人际问题的方式。生活在温暖、有爱、充满正能量的家庭中的孩子会形成安全性依恋，他们自尊自爱，懂得尊重自己，爱护他人。因此，请你不要想当然地认为教育是学校的事情，更不要将精力一味地放在学习成绩上面，而忽视孩子的情绪、心理需求等。我们该做的是为孩子营造良好的家庭氛围，让孩子在温暖的家庭中茁壮成长。

在心理学中，欺凌行为被定义为一种通过长时间、故意的身体接触、言语攻击或心理操纵而产生伤害或不适的行为，它具有恃强凌弱、直接或间接、主动或被动、单独或结伴的特点。常见的欺凌类型有言语欺凌、身体欺凌、关系欺凌、网络欺凌等。此外，欺凌还是一种群体互动行为，在这个过程中一般包含了三种角色：欺凌者、受欺凌者、旁观者。欺凌者就是伤害者，他们一般霸道冲动，以自我为中心，旨在通过伤害他人获得满足感和权威感。受欺凌者就是受害者，他们一般性格内向，缺乏朋友，可能有异于常人的地方，如肥胖、口吃等。旁观者可能是一个人，也可能是群体，若是群体，有四种类型：保护者，这是欺凌情境中唯一积极的角色；协助者，欺凌行为的"帮凶"；煽风点火者，"看热闹不嫌事大"的呐喊助威群体；置身事外者，常常是事不关己的"吃瓜群众"。目前，"欺凌"日益成为一个受到关注的社会问题，需要社会、学校、家庭及个人共同努力来解决。

上述所列的种种条目均在反映欺凌发生前的"蛛丝马迹"，帮助家长防患于未然。但如果孩子已被欺凌，我们应如何补救呢？首先，你要耐心倾听，了解事情发生的始末，理解矛盾双方的不同立场，并试图了解孩子为什么会成为欺凌者的目标。其次，帮助孩子明确其当下的感受，试着让他释放愤怒、痛苦，而非一味压制。同时，修补孩子破损的自尊心，帮助其正视自身的价值。在此基础上，我们还可以教孩子一些应对霸凌者的技能：针对网络欺凌，孩子要对网上可能面临的风险时刻保持警惕；遇到肢体暴力欺凌时，要积极主动寻求老师的帮助，借助他人的力量保护自己。此外，言语欺凌也是一种会对孩子产生深远影响的欺凌方式，那些包裹着刺的"玩笑话"会一直在孩子的脑海中萦绕，让他们产生自我怀疑。面对言语欺凌，要教育孩子这不是他的问题，不要自我归责，同时鼓励他们与信任的人分享此事，并为其提供力所能及的情感支持。

一手握预防之宝，一手持解决良方，相信你定能及时扼杀"欺凌的苗头"，让孩子免受他人的伤害。

写给孩子的信

亲爱的言言：

上周日，我和爸爸带你去看了电影《少年的你》。看完后，你跟妈妈说："好羡慕陈念啊。"妈妈问为什么，你说："因为她有小北保护。"听到这句话，妈妈的心头仿佛被针刺了一下，一幕幕画面随之浮现在眼前：之前去你房间放换洗衣物时，我偶然瞥见你的试卷上泼了墨水，是你不小心弄的吗？还有，你那条心爱的花裙子怎么破了好大一个口子，是不小心被钉子钩破的吗？

亲爱的言言，你是不是曾经历过和陈念相似的境遇，却没有告诉妈妈呢？一想到你可能遭遇过校园霸凌，妈妈如被五雷轰顶一般。

宝贝儿，你是一个乖巧、善良的女孩子，待人谦和有礼，温柔大方。从小妈妈就教育你，要用宽宏包容之心对待他人的过失。做人要学会原谅。这没错，但妈妈好像从未与你谈论过原谅的"底线问题"。于是，妈妈提起笔，想以这种方式跟你聊聊，在宽容之外，什么是我们最后的底线。

孩子，如果有人故意对你进行言语攻击，甚至已经对你的身体造成了伤害，即使他打着"与你玩闹"的幌子，你也不要轻易原谅他，这是保护自己的"底线"。电影里的陈念在体育课上被人用球砸，被人"绊倒"摔下楼梯时，她无法反击，因为那些人说"这是闹着玩"。后来，她的课本被撕碎，她被围堵、被剪光头发，这种种行为早已超出"闹着玩"的范畴，这就是赤裸裸的校园霸凌。听起来，校园霸凌好像是小说里的桥段，但它在校园生活里并不少见——肢体或言语的攻击、人际互动中的抗拒及排挤，类似性骚扰般对别人身体部位的嘲讽、评论或讥笑，都在其中。这里面有多少行为，假借"玩笑"之名大行伤害之事。身体上的疤痕、暗地里的流言会引来其他恶人，有人变本加厉踩上几脚，有人兴致勃勃准备看热闹，终于，伤痛像滚雪球一样压垮你，使你身心俱疲、不堪其辱。所以宝贝儿，请谨守玩闹的"底线"，穿好自我防御的盔甲，尽你所能护好自己。

孩子，妈妈还想跟你谈谈，如果你不幸遭受了校园霸凌，应该如何自救。首先，不要羞于启齿，不要害怕他们口中的打击报复，去告诉老师你的遭遇，甚至可以报警，用更强有力的武器来捍卫自己的权益。你越是缄默不言，他们就越觉得你软弱可欺。其次，要学会反击。让冷静构筑你的自尊，用漠视让他们自取其辱，必要时可以采取物理反击，这种反击和霸凌施暴者的行为完全不同，是一种紧急状态下的正当防卫。最后，言言，你和校园暴力之间还有最结实的一堵墙，那就是爸爸、妈妈，如果有人企图突破你的底线，请千万千万告诉我们。也许人的一生注定会遇到或多或少的磨难，但别忘了，你的背后永远有我们，船行千里，父母永远是两岸青山。

言言，如果你感受到了世界的温柔，别忘了用同样的温柔去回馈；如果世界曾让你感到失望，也别灰心，星空永远在你头顶闪耀。余生很长，此刻纵使寒风刺骨，挺起胸膛来，我们不怕。暴行不可能永在，而勇气、决心、底线与智慧，则会与你一生相伴。当然，最重要的，还有我们的爱，它永远都在。

爱你的爸爸、妈妈

欺凌的类型

一、身体欺凌、言语欺凌和关系欺凌

身体欺凌是指欺凌者一方利用身体动作对受欺凌者实施的欺凌,包括打、踢、推、撞以及抢夺、破坏物品等。

言语欺凌是指欺凌者一方通过口头言语形式直接对受欺凌者实施的欺凌,包括骂人、羞辱、叫外号、嘲讽等。

关系欺凌是指欺凌者一方借助第三方对受欺凌者实施的欺凌,主要包括背后说人坏话、散布谣言、社会排斥等。

二、主动性欺凌和反应性欺凌

这是按照欺凌者的意图进行的划分。主动性欺凌是指个体在未受激惹的情况下对他人主动发起的欺凌,大多数欺凌属于这种情况。与之对应,反应性欺凌是指欺凌者事先受到了被欺凌者激惹或挑衅。

三、新兴的欺凌类型——网络欺凌

网络欺凌是指在网络环境下,具有相对优势的个体或群体借助于现代网络交往方式或媒介(如短信、电话、邮件、照片、视频、聊天室和网站)有意实施的指向特定对象的可能产生持续性伤害的一系列侵犯行为的总称。主要包括人肉搜索、网络诋毁和骚扰等。

如何帮助孩子远离不良信息?

> 人使性的本能变得高尚化,在精神生活的这个领域里,理智和意志需要成为高度警惕的哨兵。
>
> ——[苏联]苏霍姆林斯基

表现:被不良信息误导,影响正常的学习和生活。

常见指数:★ ★ ★ ★

影响:对于青少年来说,浏览不良信息犹如服用了一颗裹着糖衣的砒霜,初尝"糖衣"时,精神亢奋;随着"毒素"渗入血液,心智被扰乱,开始出现惊慌、沮丧、注意力不集中等症状,严重影响正常生活。

面对孩子浏览、发送不良信息的行为，有的家长采取"严查严打"的方式强行制止。事实上，"堵不如疏，疏不如引"，与其想方设法掐灭他们浏览网络不良信息的火苗，不如提前了解孩子沉迷其中的原因，而后采用孩子可接受的方式正面管教，步步为营地引导他们走出误区。

"成长"结出的果实，有甜也有酸

看着孩子从稚气未脱的孩童一步步成长为小小少年，家长们眉眼中满是藏不住的喜悦、自豪。欣喜之余，却也发现孩子悄然间生出了令我们陌生的一面：他们学会了讲黄色笑话，在三五成群的聊天中也开始有了"擦边球"的话题。不止如此，有些孩子整天满脑子想入非非、无心学习。父母眼中一向单纯的孩子为什么会突然出现这种情况呢？

对身体变化的好奇

伴随着青春期的脚步，孩子最大的变化就是身体的"暴长"，他们开始意识到自己的身体与从前不一样了，比如男孩肌肉更发达了，喉结突出了；女孩身体发育了，变得亭亭玉立了。他们好奇自己的身体为什么会变成这样。加之性成熟，孩子的性意识也随之觉醒。这种觉醒的性意识，除了带来莫名奇妙的性冲动和性快感外，心里的焦虑感、烦恼感、恐慌感也随之爬上眉梢。比如，进入青春期后，有的男孩会做性梦，清醒后看到湿漉漉的床单时，既紧张羞愧又困惑不安。不懂"梦遗"究竟为何物的孩子希望可以从网络世界中获取答案，黄色资源无疑是简单直接的"资料库"。如果是这种情况，建议你根据青春期发育的规律，传授给孩子有关身体变化的小知识，比如讲解梦遗的原因，并告诉孩子这是完全正常的现象，偶尔梦遗对身体是没有危害的，不必恐慌；若羞于开口，也可以为孩子提供青春期生理知识读本，帮助孩子通过合适的途径，转化这部分强大的能量，助他们以积极乐观的心态度过这段特殊的时光。

寻求异性关注

青少年浏览不良网站，有时是为了寻求异性关注或者建立一段恋爱关系。进入青春期后，随着生理上的日渐成熟，孩子们在心理上也逐渐出现了对异性懵懂的"爱慕之情"。与此同时，青春期孩子在"自我为中心"心理的操纵下，觉得自己的一举一动都备受瞩目，并希望自己以一种独特的方式对异性示好。于是他们转向网络世界，企图从自认为很酷的"影片"中学习其中的话语、行为，希望以此表现出对异性的独特"吸引力"。久而久之，他们在网络色情所设的"陷阱"中越陷越深。作为家长，你首先要知道，青春期的孩子对异性产生好感是正常现象；其次，可以开诚布公地与孩子谈论"爱情是什么"，帮孩子厘清心中朦胧的喜欢是"真爱"还是一种"恋爱错觉";最后,从责任感的角度出发,引导孩子——恋爱绝不是一场风花雪月的游戏,而是一段基于责任的旅途,不良影片中对待爱人的方式是不科学的、不健康的,真正的爱是在互相尊重、彼此信任的基础之上,以对方需要的方式爱对方。

"成长"背后的秘密终有一天会被揭开

谈性色变的后果

大人们对性话题往往"顾左右而言他",这也为性蒙上了一层神秘的面纱。比如,孩子步入青春期,开始接触并试图理解性时,由于缺乏经验和指导,不得不自我摸索。许多成人对此话题都会有意或无意地回避,认为"现在跟孩子说性太尴尬了,他长大了自然会懂"。在传统观念的束缚下,许多中国家长选择把性关进"小黑屋",闭口不谈,可事实上,父母越是对性话题加以掩饰,就越使得性带有一种神秘色彩,对青少年的吸引力和诱惑力就越大。于是,有的孩子在好奇心的驱使下误入歧途,一些青少年正在为性教育的严重缺失买单。

面对这种情况,你首先要扪心自问:自己对性教育的认识,是否戴着"羞耻"的紧箍咒?如果你不觉得性羞耻,孩子会更愿意跟你讨论青春期的性困惑;如果你教会孩子悦纳自己的身体,他们可能就不会因此而自卑;如果你传授正确的性侵防范意识,孩子可能就没那么轻易遭受毒手;如果你足够关照孩子的内心,那么不管他们遭遇什么,都不至于陷入孤境。性本无罪,避而不谈才是误区。我们要以坦率、真诚的态度对待性的问题,弱化它在孩子心中的神秘感。事实上,家长坦诚自然地谈论性,本身就是对孩子最好的性教育。

谈到这里,有的家长也许会产生疑虑:"为什么孩子会对不良视频上瘾呢?"心理学研究告诉我们,这是大脑的"奖励机制"在作祟:沉迷其中可以在短期内增加多巴胺,并作为一种奖励传输到大脑,使人们在接下来的一两个小时里心情愉悦,感觉良好。事实上,这种神经回路和其他让人上瘾的刺激物所激活的神经回路是一样的。越沉迷,瘾就越大,当体内的多巴胺存量越来越少时,上瘾者就会觉得心烦气躁、焦虑不安。为了重新获得愉悦感,他们只得加强刺激以调动身体机能,重新生成多巴胺。但从长期来看,这种调动会产生不良后果,会直接导致体内能量的快速消耗,使身体更快地走向衰败。

如此可怕的后果为家长们敲响了警钟——必须要对孩子沉迷于不良图片、影片的行为加以重视和引导。在此为家长们提供一个小贴士:粗暴禁止不可取,"限""转""导"可谓良方。

"限"即限制,对上网的时间及范围有所限制,告诉孩子,他们有学习各种知识的自由,但必须以不影响学业和生活为前提。

"转"为转移,多带孩子出去接触不同的人,鼓励孩子参加各种体育锻炼,学习各种感兴趣的技能,转移他们对"性"的注意力。

"导"是引导,告诉孩子,对"性"的好奇是正常的,并为孩子提供了解性知识的科学渠道。

我相信,在家长的关心与引导之下,孩子一定能逐步走出误区。

写给孩子的信

亲爱的言蹊：

这是爸爸写给你的第一封信，也是我俩第一次在纸上进行"男人之间的对话"。

首先，爸爸要为不小心看到你的隐私而说声抱歉。昨晚我加班到深夜，到家后发现你房间的灯还亮着。推开门时，你正戴着耳机，全神贯注地盯着电脑上的视频……看到这一幕，我先是一怔，而后默默地退出了你的房间。

孩子，该如何跟你形容我现在的心情呢？大概是既高兴又忐忑。高兴的是，你长大了，不再是那个不谙世事的小男孩了；忐忑的是，我的儿子能不能安然、健康地度过这段成长期呢？怀着这样一种心情，我提起笔，打算以这种方式与你说说我的心里话。

儿子，你不要为此感到羞耻，由于生理上的发育，"性"对每个人而言都是"从无到有"的。好奇心是天生的，没有人会对发生在自己身体上的鲜明变化无动于衷。老爸也经历过青春期的"第一次慌乱"，所以愿意和你坦诚地交换看法。但无论如何，去不良网站获取性知识是不可取的。一方面，这些网站上给予你的是"夸张的刺激"而非"科学的知识"，它调动的是你的感官而非理性的认知，长此以往，当感官战胜理性时，想回头就难了；另一方面，不得不承认，你的自我控制能力还不完善，一旦对色情刺激上瘾，很容易身陷其中，为了缓解心理压力，排解空虚，选择肆意释放冲动，之后又对自己的行为感到自责……上述种种，会让你深陷性的"莫比乌斯环"，循环往复，找不到出路。

所以，当你在性方面有疑惑时，可以通过一些合理的渠道寻找答案。最方便的当然是问我啦。爸爸是男人，也是你值得信任的人，我无条件理解你、支持你，咱们父子之间本就该无话不谈。但如果你觉得害羞，可以给爸爸发信息留言，或者去权威的生理知识书上找找看。爸爸买了两本，已经放在书架上了。当我还是男孩子的时候，也是从这类读物上了解生理常识的。

此外，爸爸还忍不住想叮嘱你几句：性，不是肮脏的东西，它像吃饭、呼吸一样，是人的一种本能。千万不要认为看了不雅视频，自己就是坏孩子了。你只是在进行每个人都会有的探索，只不过这次的对象是性罢了。老爸在青春期时也是这样，刚开始会觉得好奇，时间长了也就不以为意了，回到正常的日子里了。爸爸希望你在好奇、了解和探索之后，重新回到积极求知、热爱运动、性格开朗的状态中。

借此机会还是再唠叨几句吧！和性相关的话题，总免不了"异性"。在青春期对女孩子产生爱慕之心是再正常不过的事，但是，在这个阶段一定不可以与女孩发生性关系。目前，你还没有足够的能力来承担这之后的种种后果，冲动只会害人害己。如果你有爱慕的女生，爸爸更希望你做一个守护的骑士，而不是莽撞的匹夫。在此，爸爸给你提供一个小方法：当你察觉到自己有性冲动的时候，可以试着转移注意力，听歌、看书或是找朋友打球、玩闹，转移、释放生理冲动带来的不适。孩子，对他人负责，是你成为顶天立地的男子汉的必修课。低调而有内涵才是优秀的男性，责任与担当应始终与你相伴。

儿子，青春期是个人成长的重要时期，也是学习知识、掌握技能的黄金时期。希望在宝贵的青春时光里，爱求知、爱探索的你，有着更广泛的爱好、更丰富的活动，去看天高海阔，去登无涯之岸。

孩子，爸爸想跟你说声"对不起"，是我以"忙"为借口忽略了你。通过这件事，我意识到了应该和你一起面对成长中的困惑。孩子，坦然面对，这世界上将没有什么是阴暗的；完善自身，这世界上将没有什么是困难的。愿你从"性"开始，懂得尊重异性、理解个性、节制任性、运用理性，你会真正成长的。

爱你的爸爸

怎么避免孩子深陷"饭圈文化"?

当时的他们身上是国家,现在的我们身上是未来。

——《觉醒年代》

表现:盲目树立偶像,疯狂"应援爱豆",偏离主流价值导向。

常见指数:★ ★ ★ ★

影响:孩子们对"饭圈文化"的沉迷好似一场迷失的狂欢,罕见的满足带来了虚假的"独立快感",他们的思维会趋于二元对立的理想化,群体意识趋于非此即彼的极端化,进而产生紊乱的自我感知。但这场无法自拔的派对终归是一场不合时宜的"虚拟游戏"而已。

"饭圈文化"是追星文化的衍生物之一，更是青少年亚文化的典型代表。在"饭圈"语境中，孩子有自己喜欢的"爱豆（偶像）"，并会自发地形成偶像与粉丝共同组成的社会圈层，由"粉头（粉丝头目）"和各公共平台的偶像维护者们组成了层级严明的团体，而普通粉丝则在"粉头"们的带领下陷入对偶像失去理智的喜爱中。这种情况看似危急却不能直接"下猛药"，与其直接否定孩子的喜好，不如先了解一下孩子究竟为何沉迷"饭圈"。将心比心，谁在年轻时不曾喜欢过帅气的歌手、演员？或许在很多年前，你们可能也在因为买不到一盘心仪歌手的磁带而抓狂呢！人的一生总不免要融入种种圈子，每个圈子都会塑造不同的自我，而"饭圈"只是追星的变种，在狂热"打call"的背后，也是我们不曾认识的、独特的"青少年自我"。还是让我们深入"饭圈"内部一探究竟吧。

偶像，或许是我心目中"完美"的代言人
（依恋心理）

认同式依恋

　　孩子们将想象中的理想生活寄托于偶像身上，全力为偶像"打call"。比如，在微博上为偶像疯狂刷屏，模仿他们的言行举止，把偶像当作"理想自我"。其实，处于青春期的孩子们，

对人或事的喜爱和厌恶都很纯粹，他们会接近自己认为的美好，而偶像就是这世间一切美好想象的具象化。于是，对偶像的崇拜成为他们对"美"的追求和对理想生活的虚拟体验。若家长对这份喜爱"迎头痛击"，恐怕无法让他们理智，反而会激起他们的逆反心理，造成"过度依恋"。要想扭转局面，不妨同孩子聊聊："你的偶像是一个什么样的人？"与孩子在交流互动中一起讨论对"偶像"的定义和理解，分析偶像身上到底哪里值得孩子学习，是其品格和精神，还是出色的唱功、演技？尊重孩子才是让他们打开心扉的第一步。"如果你喜欢的偶像在舞台上熠熠生辉，那你一定也能够在漫漫人生路上闪闪发光"。

情感卷入

被唤醒的情感会进一步强化行为。孩子们会因为喜欢某位明星而一掷千金，用"饭圈术语"来说叫作"应援"。多次购买偶像的歌曲、杂志，以此来展示自己在饭圈中的购买力，进而得到更多人的崇拜，并投入更多的金钱。不知道作为家长的你，若遇到这种情况，第一反应是不是没收零花钱呢？但治标不治本的做法到头来还是会一场空。或许你可以这样做：在了解孩子为何喜欢这位明星的同时，与他进一步探讨零花钱的使用分配计划，如果全部用来购买明星的周边产品，那便不会有多余的资金来满足自己的日常需求。若你愿意耐心引导，我相信你会发现孩子在慢慢改变。逐渐培养孩子独立思考的能力远比直接控制行为更奏效。

身处"饭圈",我会感到被认可
(被认可的心理需求)

认同感和归属感

孩子们因对偶像的喜爱而聚集在一起,形成了"志同道合"的小团体,团体内部相同的价值观念给孩子们带来了认同感和归属感,以至于深陷其中,产生"圈内话语至上"的现象。跟风偶像的穿搭、模仿偶像的言谈举止、内化偶像的价值观等。在心态上,他们可能会排斥其他同类偶像("饭圈"称为"对家")的粉丝,形成"非我族类,其心必异"的极端心理。

要知道,集体共识很容易形成狂热的崇拜心理。如果我们逆向思考:孩子若是在现实中有强烈的认同感和归属感,他们还会依赖于虚拟的圈层认同吗?每个人都希望被认可,作为家长,你可否愿意回忆一下,当孩子第一次兴冲冲地与你分享他喜欢的明星时,你是否认真倾听并给予了回应呢?"饭圈"不可怕,重要的是防止深陷圈层。下一次,当你想要否定孩子的时候,请先停顿几秒钟,给自己留一些思考的时间,也给孩子留一些表达的机会,你的反馈是给予孩子的重要认可。不要着急,请慢慢找回他的认同感与归属感。要知道,孩子与我们既亲密又彼此独立。

群体价值迷失

当个体归属于群体后,其自我实现的满足感便取决于群体之间的比较。孩子在"饭圈"中感受到被簇拥的满足感时,便能够为了偶像义无反顾地"冲锋陷阵"。偶像能否在竞争活动中胜利,既关乎"饭圈"群体的荣辱,又关乎每个伙伴的自尊。孩子们在丧失独立思考能力的同时也被"饭圈规则"所绑架。社会由各种团体组成,也永远有种种规则来约束、规范其成员的行为与心理,有"大众"就必然会有"小众",这也是社会发展的规律之一。就如我们前面所提到的,你在尽可能给予孩子尊重的基础上,也要引导孩子树立正确的价值观和人生观。群体的满足不仅仅局限于网络世界,请带着你的孩子共同参与线下的群体活动,去了解脱掉网络外衣之下的真实人生。在真实的生活中,帮助孩子理解:网上那些被自己攻击的人,也许是和自己一样的孩子,而不是幻想中的敌人;带孩子去博物馆参观、阅读历史类书籍,用史实让孩子明白,"当饭圈思维扩展到国家层面将带来哪些不可挽回的损失";抑或全家来一个"今夕偶像大比拼",找出你年轻时贴过的海报、买过的磁带、珍藏的歌词本,或是找出当年那些偶像出演的电影,让孩子明白,

"江山代有偶像出，各领风骚一时间"。真实的社会体验、父母的适度陪伴能够带给孩子更深的社会理解："偶像文化从古至今，有人因之生，有人为之迷，我们都会经历，但智者绝不会永远合众与盲从。"

从部落图腾到精神领袖，偶像崇拜在人类社会中存留已久。在社会经济的高速发展与信息传播方式的疾速变革下，偶像崇拜的形式变得多样化、复杂化，也更极端化。青少年大约在十岁至十一岁的时候，开始渴望从心理上脱离父母的控制；为了显示自己的独立性并建立自我认同，他们开始进一步探索世界，尝试未知事物，而对偶像的崇拜成为他们追求理想自我的一种特殊形式。孩子们认为喜欢的偶像能带给自己激励，而这种感情包含了认同、依恋以及外化形成的行为倾向。喜欢是复杂的情感，对偶像的痴迷更是孩子自我创设的人生目标之一。或许，你的尊重、理解和适度引导才是孩子们在这场"虚拟游戏"中获胜的终极武器。

希望在家长的引导下，这些追逐着"光"的孩子们，最终也能散发出自己的光芒。

写给孩子的信

嗨，九儿：

  这不是一封板着脸的"说教信"，而是一次你我之间没有隔阂的交谈，所以我也叫你"九儿"，这个你在"饭圈"中的昵称。这个名字是班级同学赠予你的"爱称"，你一定是非常喜欢，才会在网上用这个名字为你的偶像"冲锋陷阵"。可我真的没有想到，前两天摔坏你家"哥哥"的立牌会让你哭得那么伤心。我才知道，原来这种小摆件叫"周边"，摆上一个就是你们"团结"在"爱豆"周围的证明。为了弥补我的冒失，最新的立牌已在路上，还是官方正版的限量款哦，为了买到它，妈妈还认真做了一番功课呢。过几天请查收，我的九儿姑娘！

  其实妈妈一直都知道你有挚爱的明星，高中三年你对他的喜爱我们也都看在眼里。只是最近一段时间，我发现你常常对着手机眉头紧锁，我们之间的交流也因你的情绪波动而起伏不定。不知道你有留意过吗？最近这几个月你的零用钱总是不停地超支，原本能够合理分配零用钱的九儿姑娘到底发生了什么？看到这里，或许你能够理解我的困惑吧。直到我整理房间的时候，无意间发现了书房里堆满的画册、海报和一箱子我看不懂的小摆件、小模型、专辑等，才恍然大悟。我承认，在那个时候，我也不淡定了，它们明明大同小异，你却搞出了整整一箱。所以，我不听你的任何解释，直接把你书桌上最显眼的那个立牌摔在了地上。现在回想起来，向来自诩优雅的妈妈，确实有些不理智了。

　　妈妈从来不想掌控你的一切，也许你依然觉得妈妈的解释很苍白，但既然已经看到这里了，九儿不妨继续往下看看。我知道你也属于"饭圈女孩"，在那里你和其他伙伴一样，有着对偶像相同的喜欢和类似的期待。我也知道，最近你们的"哥哥"参加了一个综艺比赛，你很希望他拔得头筹，所以才不断地为他打榜、应援。可是你应该知道，每一场比赛、每一次游戏都有规则，胜败乃兵家常事，夺冠也并非仅靠打榜。或许我们可以理性思考一下，你喜欢他这么多年，我相信你在偶像身上能够获得让你坚持努力的动力，可如果你失去理智甚至在"饭圈"中变得极端，进而做出在网络中伤害他人的事情，那我能否这样认为：曾经照耀你的光，带给你的并非全部都是前进的力量？当你的喜欢无形中成为你的人际关系、生活和情绪的负担时，那是否就需要考虑调整喜欢的方式了呢？

如果你愿意，我们可以面对面探讨一下你关注的这场比赛。我很好奇，除了赛制规则，你会不会也关注和你的偶像同样出色的人？我们都有各自的喜好，但妈妈怕饭圈思维会阻碍你看到其他人的好。电影《一代宗师》里说："人要往远看，过了山，眼界就开阔了。"就算是你的偶像，他也需要进步，不然他怎么为我的九儿"充电"，带给你新的力量呢？当然，你的零用钱分配方案我也非常想参与其中，因为你有喜欢的偶像，我有心爱的宝贝女儿，在不打破原则的情况下，我想和你一起分配零用钱，就当是妈妈陪你一起追星吧。

我相信每个人的生命中都会有这样一个人，他不属于你，但他之于你，像光一样。妈妈在少女时代也曾有过喜欢的偶像，抄歌词、买贴纸、买磁带，虽然没有你们的圈子，却也收获了不少小姐妹。可喜爱不是沉迷，执着不是孤立，追求不是盲从。九儿，你该去借偶像的光点亮自己，而不是在沉迷中泯然众人。"爱豆"是"idol"的音译，这本是一个西方词语，意为矗立在教堂中的神像。可我们中国人更相信人的力量，更相信奋斗才能创造美好的生活，山拦路就移山，海有浪就填海，天塌了就补天。中华民族不是没有偶像，这个民族的品质是把自己铸就成偶像。孩子，终有一天你不会再如今天这般迷恋那个眼里有光的少年，可妈妈希望到那时，你自己已经成为闪闪发光的人，那一定是你喜欢的自己：初心不改，砥砺前行。

爱你的妈妈

怎么让孩子不做"键盘侠"?

> 与恶龙缠斗过久,自身亦会变成恶龙;凝视深渊过久,深渊将回以凝视。
>
> ——[德]尼采

表现:躲在网络账号背后,肆意发泄谩骂;不讲逻辑分析,只有非此即彼;每一个自以为"随便说说"的观点,共同构成了网络暴力。

常见指数:★★★★

影响:"键盘侠"不是"侠",而是一种极易扩散传染的情绪状态,像一摊不断扩大的污水,不断将人淹没。这种暴力虽无形,但威力巨大、伤害持久:被网暴的群体会产生焦虑、挫败、抑郁和自我厌弃等心理问题,之后逐渐出现恶心、厌食和呕吐等症状,严重影响身心健康,甚至在崩溃之下选择轻生……

言论自由不是胡说的自由，也不是用心险恶者肆无忌惮伤害他人的理由。当一个人仅仅用情绪来思考和表达问题，而不是用理智去分析判断问题的时候，可能已经在不知不觉中加入了"键盘侠"的行列。

网络上的"巨人"，现实中的"矮子"

现实生活中的"键盘侠"大多不善于与父母、老师、同学交流，面对困难往往束手无策，因而更容易滋生对社会的不满。网络上的一些热点事件极易引发他们强烈的不平，再加上被扭曲的"侠义"精神的心理暗示，他们的负面情绪更容易被激发，进而主动"重拳出击"。

不恰当的教养方式

父母不恰当的教养方式于无形中埋下了网络暴力的种子。一些家庭的亲子教育存在着比较严重的偏颇现象，有的偏重"成绩教育"，有的偏重"金钱教育"，有的偏重"前途教育"等。这种有所侧重的养育方式会让家长对孩子产生很多完美的期许，当孩子达不到他们心中的要求时，就会对孩子的错误进行不断的言语指责、埋怨，甚至拳脚相向，逼迫孩子写保证书。这种偏激的教养方式虽然可以让父母取得暂时的胜利，树立所谓的威严，但也使得孩子习得了处理问题的暴力方式。当孩子们在网络上看到类似的情况时，会不自觉地将自己代入到具体情境中，并将另一方作为宣泄不满情绪的对象，甚至表达方式都与父母的表达方式如出一辙。他们并不是真的有什么正义想要伸张，也未见得是真心助人一臂之力，不过是借故发泄，把自己在现实中的负向情绪统统丢给不认识的网络陌生人罢了。

对此，家长可以这么做：

第一，相互尊重。相互尊重是良好沟通的前提，而良好的沟通则是教育的前提。作为父母，我们应该走进孩子的内心世界，多听一听孩子的心声，在平等的情况下与孩子交流沟通。

第二，引导孩子多角度看问题。网络暴力的产生往往源于"键盘侠"的一面之词，抓住一个角度就在网络上"指点江山"。对此，父母可以鼓励孩子多角度思考问题，比如当孩子提出问题的时候，家长要引导孩子自己去思考，提问孩子看到了什么，想到了什么，为什么会这么想，等等。同时，要称赞孩子积极向上的观点，指出消极错误的思想。

第三，鼓励孩子"走下网络，走向现实"。例如，鼓励孩子积极参加体育活动或公益活动等。这样不仅可以提高孩子的身体素质和社会交往能力，还能增强他们的团体意识和集体荣誉感，从而引导"键盘侠"真正回归现实生活。

现实的挫败感

"键盘侠"的产生在很大程度上源于现实中的挫败感、无助感和不安全感。当孩子在现实生活中遭受同伴排挤、校园欺凌却无法反击施暴者时,就可能会借助网络的隐蔽性来辱骂或指责别人,以此宣泄情绪,获得心理平衡与满足感。

十五岁的晓军因无法融入新的环境和集体,时常受到同学的冷落、忽视。渐渐地,晓军的成绩一落千丈。但是在网络世界中,晓军没有了现实交流的束缚,可以无所顾忌地畅所欲言。晓军在网络上展示着自我,体会着在语言上支配他人的快感,更重要的是,他还遇到一群"志同道合"的"朋友",他不再是孤独的个体,而是成了一个虚拟的"意见队伍"里的一分子,获得了一种集体安全感。至于自己的言行是否侵犯了他人的权利,早就不在他关心的范畴里了。

看到这里,你或许已经了解到,减少孩子在现实生活中的不满意感,是减少他们网络暴力行为的有效途径。具体来说,可以从以下几个方面入手:

一、成为孩子的倾诉对象。家庭会议是一个有效帮助孩子健康成长的活动,一个好的家庭会议应该包含三个基本功能:减负——鼓励孩子表达情绪;赋能——给予孩子积极的反馈;建设——养成家庭良性关系,给出有助于培养孩子能力的建议。

二、父母作为孩子成长的引路人，不仅要言传，更要身教。比如，在生活中遇到困难时积极做表率，通过锻炼、写日记等方式化解负面情绪，以身作则，帮助孩子更为理性地处理问题。

三、引导孩子学会正确的归因方式。比如，同学之间发生了摩擦和矛盾，孩子可能更多地把原因和责任推给对方，从而证明自己是"受害者"。在了解事情原委后，可以让孩子想一想自己有没有做得不妥当的地方；如果有，就要坦然面对自己的错误，而不能逃避和推脱责任。

表面上"正义"，心底里"恶意"

"键盘侠"可以说是一群不愿深入思考的乌合之众，他们依靠一己之见来理解这个世界，甘愿蜷缩在"井底"，宁可掩盖事情真相，也不愿意承认自己的偏见。当他们不愿意思考和改变的时候，这种认知习惯就变成了他们思维上的局限性。

盲目的从众心理

面对来势迅猛的信息洪流，青少年容易被不确定的信息所蒙蔽，自主判断能力降低，从而出现跟风行为，这就是所谓的"羊群效应"。对于从众的"键盘侠"而言，敲敲键盘只图一时之快，可是对于受害者来说，遭受到的伤害是难以弥补的。

帮助孩子保持自我意识，避免成为乌合之众中的一员，你可以从以下两点出发：

一、培养孩子的自信心。自信心是孩子成长过程中的精神核心，也是孩子独立自主克服困难的动力。在生活中要关注孩子以往的成功经历，从其生活、学习、交友和竞赛等成功的事例中提炼出积极因素，给予孩子积极的正向反馈。当孩子在某方面表现出自信心不足时，你可以找出"例外"来加以鼓励。比如，他害怕当众讲话，那你就把他某次成功演讲或积极参加大型比赛的场景重温一遍，引导孩子进一步思考：我当时是怎么做到的？这样有助于孩子形成积极的心理暗示。

二、提高孩子的共情能力。网络暴力的产生，是孩子缺乏共情能力的表现。当孩子有网络暴力行为时，父母可以问孩子："如果你是他，你会怎么办？如果你是他的家人，你感觉如何？"通过思考行为的后果，引发孩子和他人之间产生共鸣，提高孩子感同身受的能力。

道德制高点上的优越感

心理学上有一个著名的道德许可效应，应用在现实生活中，是指当一个人认为自己做了善事之后，会产生一种道德上的满足感，在这种感觉的驱使下，反而更能允许自己做一些不符合道德标准的事。一些"键盘侠"过度的"侠义心肠"正是来源于此。对他人的辱骂与猜疑便是他们所谓的行善，这种行为能够增加他们对自己的宽容度，并且让他们自我感觉良好。道德是用来规范人性的，不是用来绑架他人的，唯有温暖善良，才能拥有爱与自由。否则，不知将有多少罪恶假自由之名而行。

针对这类问题，如果不加以引导，孩子可能会越发觉得自己的行为理所当然。对此，父母可以参考以下几点做法：

一、提醒孩子，切莫"严于待人，宽以律己"。当孩子以"圣人"的标准去要求别人，对别人横加指责时，我们不妨反过来问问孩子："你认为善良的标准是什么？你能否做到？"父母应引导孩子更理性、平和地思考问题。

二、学会就事论事，不引申、不扩散。对网络热门事件，家长要提醒孩子学会就事论事，不要进行人身攻击，不要超出问题本身去讨论。比如，当一个公众人物犯了错误，我们可以就这个事情进行讨论，而不是过度解读成人格或道德的缺陷。

三、鼓励孩子思考他人的善行，这有助于养成他们发现别人优秀品质的习惯，同时也给孩子埋下成为友好善良之人的种子。

心理学中有一个著名的"踢猫效应"，指对弱于自己或者等级低于自己的对象发泄不满情绪，进而产生连锁反应，描绘的是一种典型的坏情绪的传染。人的不满情绪和糟糕的心情，一般会沿着由等级和强弱组成的社会关系链条依次传递。网络的匿名性为"键盘侠"的泄愤创造了条件，被网曝的每个主角都是被踢的"猫"。那么，父母应该怎样做，孩子才能不去伤害别人呢？答案就是沟通、转移和体验。

首先，学会和孩子沟通。孩子总会遇到各种各样的问题，父母可以鼓励孩子分享任何他们愿意交流的问题，这将有助于父母与孩子建立亲密信任的关系。通过这种习惯性对话，父母和孩子之间会建立起一个"安全空间"，未来，只要孩子遇到任何问题，他们会第一时间想到和父母分享并寻求帮助。

其次，转移网络关注的重点。网络上的内容丰富多彩，并非只有"弥漫的硝烟"。父母可以鼓励孩子关注积极的内容，比如时政新闻、体育赛事、人文故事等。

最后，多带孩子体验生活。父母可以带孩子多进行户外运动，亲近大自然，去公园、湖边、草原……让孩子去看、去听、去闻、去触摸这个五彩斑斓的世界，去体验生活的美好。

写给孩子的信

亲爱的军儿：

　　爸爸很喜欢打篮球，你是知道的。由于球技高超，当年参加过许多大大小小的比赛。当时身为球队主力的我，虽然有高超的球技，却很难以平常心看待失利，也曾将输球的原因归结为"队友投篮不准"或"队友没能把握好传球的机会"。当年，因为太计较得失，有几次我甚至在比赛后差点和队友大打出手，险些失去了一起拼搏的伙伴。随着年龄的增长，时至今日，对于输赢我早已不放在心上，倒是对年轻时我对他人的指责心生愧意。

　　究其原因，终究是"责人容易，责己困难；恕己容易，恕人困难"。

　　然而，自己的眼睛看不到自己的后脑勺，所以对于自身的缺陷，我们往往难以发现。爸爸就是这样，于是，在碰到困难的时候，我选择了将问题归责于他人。但你发现了吗？这种现象随着网络的普及而越发普遍：前段时间女排失利，网上突然出现了一批"专家"，从各种角度去批评女排教练和队员，实在令人心寒！寻找别人的问题，何其容易，至于事情真正的原因，躲在电脑屏幕后面的他们又岂会知道！

军儿，夸奖的话可以脱口而出，诋毁的话千万三思而后行。对于某个负面事件，一人说几句，上万人就是几万句，几万句落在一个人的心头，听在一个人的耳中，那会是怎样的伤害？一滴滴水聚成巨浪，就拥有了掀翻轮船的力量。网络上简单粗暴的情绪化评价可以瞬间收获一大帮跟风的人，这种跟风的浪潮可能在某个瞬间吞没掉一个毫无心理准备的人，对其造成一辈子的伤害。

"良言一句三冬暖，恶语伤人六月寒。"此话你我都懂，可是在敲击键盘留下恶语的瞬间，人们只记得自我情绪的宣泄，只记得自己观点和意愿的表达，完全忘记了自己看到的只是一个角度、一个片段。人生由无数的时刻积累而成，用某一瞬间定义一个人，这是不公平的。网络上的信息纷繁复杂，虚拟世界中的"眼见"未必"为实"，但你短短的几句恶语却有可能成为压死骆驼的最后一根稻草。在这个充斥着"键盘侠"的网络时代，每个在公共平台露面的人，似乎都避免不了被恶意揣测和流言攻击。当你用文字的矛攻击别人时，你也成为"黑暗森林"中其他人的狩猎目标。要记得，"雪崩的时候没有一片雪花是无辜的"。

用"责人之心责己，恕己之心恕人"，这是中国自古已有的格言。想要做到这点谈何容易，但我们至少可以相互鼓励，努力向这句话靠近。

爱你的爸爸

如何与网络游戏"断舍离"?

任何东西都敌不过真实。

——[法]狄德罗

表现:"网络游戏中,我战无不胜、所向披靡;现实生活中,我却屡屡受创、黯然神伤。"

常见指数:★★★★★

影响:网络游戏炫酷、多变,利用以分数定地位、匿名社交等特征为孩子织就了一张舒适的"大网"。表面上,"大网"暂时隔离了现实中的不如意,背地里却隐秘地侵蚀着孩子们的大好时光。渐渐地,孩子们的意志力被消磨了,脾气秉性被改变了,它网住了孩子的勇气与智慧,却让拖延、软弱、暴躁、易怒在不知不觉间从网眼中漏到现实生活里。而后,这张大网会封堵孩子通往现实世界的入口,弱化他们的人际交往能力、沟通能力,一步步扭曲孩子尚未定型的世界观、人生观、价值观。

游戏成瘾问题的产生，看似是虚拟世界的诱惑力太过强大，但追根究底，病根仍深埋于现实世界之中，唯有全面了解游戏成瘾的诱因，才能点对点防治，逐渐与网络游戏"断舍离"。

常见原因：我知道这样不好，但我有需要
（心理需要没有满足）

现实生活中的每个孩子都会遭遇需要缺失的痛苦，在前进之路上艰难地跋涉。

许多人会说，今天的孩子不缺吃不少穿，物质生活得到极大满足，是幸福的一代。殊不知，他们心理缺失的东西比你想象中的要多。比如，一些孩子缺少玩伴，回到家除了写作业，绝大多数时候面对的就是父母。可多数父母又不会与孩子交流，大矛盾、小冲突时有发生，孩子感觉很不愉快；在学校，他们最熟悉的世界就是学习、考试、排名等，这使一些孩子觉得生活中没有新鲜感，有的甚至因为学习成绩不佳而看不到自己在班级里的位置、在同伴中的地位等，内心被认可、尊重、接纳的需求以及自我价值实现的需要悄然丧失。

无法满足的需要让成长的道路不再平坦，甚至由"成长之路"变成"需求之沟"。为了让自己能顺利跨过这些大小不一的沟壑，孩子们常常会本能地寻找其他可以填满需要的替代品。

排在首位的，吸引力最强、最容易上手的就是网络游戏。

被认可的需要"缺席"了

有些孩子跋涉在网络游戏的长河中，只为在那个虚拟世界里得到些许认同感。在现实生活中，家长们往往望子成龙，对孩子过分"高期待""严要求"；当他们与种种期待背道而驰时，家长总忍不住发出"这孩子太笨了，学习这么差""你怎么没有别人家的孩子懂事"等诸如此类的埋怨。久而久之，孩子不免产生自我怀疑："为什么自己已经这么努力了，还是得不到父母的认可？"于是他们急切逃离至虚拟世界中，隐藏了真名实姓，穿上了虚拟皮肤，再来几场精彩的"战役"，通过网络游戏"王者"的姿态收获虚拟的欢呼崇拜，以寻觅些许现实中缺失的肯定。

如果是这种情况，身为家长的你必须率先做出改变。首先，要调整对孩子的期待，明白"期望要符合孩子的发展水平"的道理；其次，要多鼓励孩子：做出成绩时认可他，受挫时安慰支持他，让孩子感受到自己是时刻被关心着的，满足他们"被认可""被接纳"的需要，给足他们前行的勇气，助力他们再次"扬帆起航"。

尊重的需求被"忽视"了

是不是你的教养方式过于简单、粗暴，一边"散养""粗养",一边又动辄抱怨孩子为何不够优秀。好比制作工艺品的工匠,面对粗制滥造的成品,不去反思自己的技艺是否需要提升,却总是抱怨材料的质地粗糙。要知道,璞玉也要等慧眼。孩子从你这里得不到尊重,自然会去别的地方寻求满足,游戏就是其中之一。你对孩子的不合理行为总是严厉惩罚,脱口而出的责骂让人心碎。看到孩子玩游戏,更是一言不合就拔网线,完全不顾他们是否只是在合理放松。长此以往,孩子逐渐什么都和你"对着干",亲子关系愈演愈"裂"。如果是这种情况,建议你改变教养方式,放下权威,学会"非暴力沟通",多从孩子的角度出发,与他们平等地对话,尊重、理解他们合理的放松需求,努力与他们成为好朋友、"好哥们儿"。

交友的过程"受挫"了

有时孩子玩游戏,是因为现实生活中的人际交往遇到了困难。进入初中、高中,孩子们与同伴交往的需求变得越来越强烈。他们开始发展朋友圈子,追求"入群"。如果现实生活中没有说知心话的同伴,他们会感到孤独、焦虑。而此时,网络游戏的聊天功能为孩子们搭建了方便快捷的交友平台,"游戏攻略"又为他们提供了共同话题。在虚拟的世界里,外貌、家世、成绩等都不再是形成"圈子"的必要条件,他们可以轻易找到

"队友"，凭出色的"战绩"受到众星捧月般的欢迎。顺理成章地，他们沉迷网络游戏的世界，试图以此来减少现实生活中人际交往带来的焦虑。如果是这种情况，你可以传授孩子"勇敢、真诚"这一交友法宝，自信释出善意，对生活中的每个"过客"都温柔以待；同时鼓励孩子不断完善自身，毕竟"你若盛开，蝴蝶自来"。

获得"自我实现"太难了

根据马斯洛的需要层次理论，人类的终极需求是自我实现，初高中生也不例外。于他们而言，相比努力学习、跻身"学霸"之列，在游戏中成为万众瞩目的"英雄"，可以使他们更轻松地获得巨大的成就感。比如，当准备中高考的孩子在学习上受挫沮丧时，游戏中的"打怪杀敌"却给他们带来了"巅峰体验"，弥补了"学海"中难以感受到的欣喜与满足。于是，他们逐渐沉迷于网络游戏，享受虚拟世界中的荣耀与掌声。

如果遇到这种情况，作为家长，你要注意对孩子进行多元化的评价，千万不要把学习成绩作为唯一标准，也不要因为某一次的分数否定了孩子的人生；同时，家长要帮助孩子积极做出改变，根据孩子的实际能力，分阶段制订学习目标。当孩子达成目标时，也请不要吝啬你的赞美，而要适度鼓励他。

我与众不同:"我也不想,但我天生就比别人敏感"
(个性的驱使)

"神经质人格"在作祟

心理学中,有一种人格类型被称作"神经质人格",这类孩子往往内向、谨慎,喜欢一个人思考和钻研,追求完美,任何事情都会尽力做到最好;但同时他们易情绪化、易冲动、易羞愧、易担忧,容易体会到更多的负面情绪。

这类孩子天生较为敏感,一些微不足道的小事也会牵动他们的神经。谨慎的性格成为他们人际交往中的"护身符",但同时,天赐的敏锐洞察力也在无形中强化了他们感受负面情绪的能力。当不开心的情绪积攒过多,一时难以消解时,他们会通过游戏来逃避现实。

对这类孩子的游戏成瘾行为,不要一味责怪,要在尊重他们特质的基础上伸出援助之手。他们敏感,无法排解心中的负面情绪,那我们就帮他们合理宣泄:鼓励孩子多参加运动锻炼,用汗水转化的多巴胺来对抗坏情绪;日常生活中还可以从孩子的兴趣出发,培养一项特长,负面情绪到来之时,用特长转移注意力。长此以往,坏心情逐渐消散后,孩子便会主动与网络游戏"说拜拜"。

"我控制不住我自己"

有些沉迷游戏的孩子，自控力比较薄弱。比如，"写作业时，写着写着就走神儿了""没人看着就玩起游戏了"——他们不能专注于眼前的学习内容。面对这种行为，家长们可能会采取"断网""卸载游戏"等简单粗暴的方式加以制止，其实这种方法往往治标不治本。"远离诱惑"不是让孩子彻底、永久地远离网络游戏，而是要帮助孩子加强自我管理能力，建立起对网络游戏的掌控感，逐渐降低对游戏的依赖程度。

在此提供一个"小秘方"——契约教育，即双方商定游戏的时间，然后督促孩子全力遵守。这个方法的关键是"赏罚分明"，比如，双方约定好每天玩半小时游戏，如果孩子一不留神玩了四十分钟，那么多出的十分钟可以从次日的游戏时间内扣除；如果孩子能在完成当天的学习任务后再开始游戏，便可以适当增加十分钟的游戏时间。这种方式有助于逐步提升孩子的自控力，游戏成瘾也会随之变成"过去式"。

网络游戏一定是孩子们碰都不能碰的"炸弹"吗？也不尽然。很多家长认为，游戏中的画面"乱花渐欲迷人眼"，会使孩子无法对平淡的现实生活集中注意力。但心理学研究表明，在进行动作类游戏时，孩子们大脑中主要负责"专注"的区域变得更加活跃，他们可以快速转移注意力，并且几乎不会消耗脑力成本。可以说，复杂的动作类游戏在一定程度上训练了孩子的注意力，提高了大脑的可塑性和学习能力。然而，凡事都要适度。有学者研究发现，过度沉迷网络游戏导致成瘾的孩子，可能会产生注意目标转换困难、注意力不集中等问题。

网络游戏是把双刃剑，关键在于把握好游戏的"度"。你要做好"守门人"，对孩子的上网行为给予正确的指导，培养孩子的判断能力和自我控制能力，鼓励他们合理安排自己的时间，适度娱乐，快乐学习。

写给孩子的信

亲爱的仔仔：

　　昨晚妈妈失眠了，辗转反侧，眼前一幕幕闪过的都是你小时候的画面。记得你刚会走路时，总像是在"打醉拳"，跌跌撞撞的样子活像一个"小醉汉"。上了小学，每当你放学回家，总是甩下书包就开始"新闻播报"，班级里的奇闻逸事被你眉飞色舞地描述着。上初中开始，你回家偶尔还讲几个幽默有趣的段子，同学的嬉闹、老师的严厉都被你编成了段子，让我深深感觉到，你不仅长大了，更有了自己的判断力……可不知不觉间，我听不到你的"播报"了，也欣赏不到你的"段子"了，那个小男孩似乎在时光里走失了……

　　儿子，当妈妈想到这儿时，泪已悄悄地滑落到枕头上。我知道，不是你疏远了妈妈，而是你成了网络游戏的"俘虏"。

　　没记错的话，从去年开始，妈妈发现你对网络游戏渐渐产生了依赖，看着你一小时接一小时坐在电脑前打游戏，我急在眼里，疼在心里。

　　儿子呀，我知道，在游戏的世界里，你所向披靡，是个

"王者"。都说网络游戏是把双刃剑，它可以成为你平时用来放松的手段，但如果把握不好玩游戏的尺度，它便会吞噬你的时间、你的学业，甚至吞噬你宝贵的高中时光，乃至整个人生。试想一下，沉浸在游戏中"奋勇杀敌"确实可以为你带来短暂的快乐，但它也在助长你面对现实挫折的软弱。越沉溺，越脆弱，在面对现实中的挫折时，你也就越没有与之一战的勇气。妈妈知道，在你们年轻人当中流行着一首叫《孤勇者》的歌曲，"爱你孤身走暗巷，爱你不跪的模样"，歌中唱得是如此坚决而勇敢，妈妈却不希望这只是我的仔仔在网络上的样子。孩子，你在怕什么？现实生活是洪水猛兽让你害怕吗？还是你并没有意识到，这就是沉溺网络游戏带来的恶果，它让你恐惧挫折、逃避现实，让一切本该用来放松身心的活动，变成了滋生软弱的温床。与其去悔恨沉溺网络游戏带来的痛苦，不如勇敢地与之决战，把学习与生活中的困难视作虚拟游戏中的"怪兽"，一步一步打怪升级，成为现实生活中真正的"王者"与"英雄"。

亲爱的儿子，我知道与"学习怪兽"的搏斗并不轻松，你可能会焦躁不安、心烦意乱，会产生无所适从的焦虑、失落和痛苦感。但人的意志力与主观能动性是不可小觑的，"一枚鸡蛋，从外打破是食物，从内打破是生命"。我对你说再多的大道理，也分毫动摇不了你的意志力；但当你认识到自己必须做出改变之时，你的意志力会变得空前强大，这种强大的意志力，会激发出无穷的动力和无畏的勇气。我相信，在网络游戏中登顶绝不是你梦想的终点，而只是你无法在现实中取得同样战绩的替代。足够强大的内在意志力，会帮你像游戏中的勇士一样破茧成蝶。

儿子，在这件事上，我也有责任。之前，我忙于工作，缺少了对你的陪伴，从现在开始，我愿意参与你的改变过程，督促你把日常事务按照优先级列成表单，安排好生活、学习和休闲时间。也许你会发现，自己留给电脑游戏的时间并不是很多。当你有一天意识到，"打游戏好像只是我空闲时间里众多备选活动中很普通的一项"，这就说明，网络游戏再也不能动摇你了。聪明人会认识到错误并改正错误，而且不会犯同样的错误。管理好自己宝贵的时间，咱们在这一阶段与网络游戏来个合理的"断舍离"。

再告诉你一个秘密，我还知道《孤勇者》是一个网络游戏的主题曲呢，怎么样，妈妈也没有落伍吧？妈妈也在关注着这种世界级的网络游戏，知道在里面你们学着团队作战，学着各种配合与战术，甚至领先于同龄人与"世界接轨"了。妈妈从不是反对网络游戏，而是希望你明白，虚拟来自真实，却永远无法取代真实。《孤勇者》中唱道："谁说对弈平凡的不算英雄。"回来吧，孩子，在平凡、平淡却不平庸的日常生活中，成为自己的英雄。

爱你的妈妈

游戏成瘾的诊断标准

目前，根据心理学家和精神科医生对于游戏成瘾的认识，世界卫生组织于2018年大致列举出九项症状，以供医疗人员作为游戏成瘾的界定指标。

一、个体在玩乐电子游戏的过程中，必定会处于全神贯注的精神状况，不愿受到外界打扰，除非紧急事情出现，才抱着不甘心的姿态中止游戏；

二、当游戏被中止后，个体内心会显露出不安、焦虑、懊恼等负面情绪；

三、随着个体对电子游戏的依赖程度加深，游戏沉迷的时间相应增多；

四、由于玩游戏的时间增多，个体被迫摒弃一些原来已习得的良好习惯和兴趣爱好；

五、内心没有足够坚定的信念，无法摆脱打游戏的行为；

六、曾经向亲朋好友撒谎，自称玩游戏的时间很少，或已有一段时间不玩游戏，其实一直无法停止对游戏的控制；

七、通过玩电子游戏来获取快感，并把生活中的负面情绪释放到游戏世界当中，譬如在暴力游戏中，透过自身角色对其他人物角色进行不当行为，借此抒发罪恶感，而且当杀害敌人或队友时，自己感到相当满足和兴奋；

八、由于过度沉迷游戏，导致个体即将或已经失去学习、工作、社会交流等能力，生活素质每况愈下；

九、个体已经感觉到自己过度地沉迷游戏，也明白它对自己、家人、朋友等造成了一定程度的影响，但内心已经无法脱离电子游戏，只能继续维持这种状态。

一般而言，只要满足九项当中的五项诊断标准，并且维持时间长达十二个月以上，便可明确诊断为游戏成瘾，当然也可以根据患者的严重程度，适当地调整症状时间的长短而确诊。

怎么引导孩子走出网络直播的泥沼？

不良的习惯会随时阻碍你走向成名、获利和享乐的路上去。

[英] 莎士比亚

表现："我的快乐时光始于点开直播的那一刻。"

常见指数：★★★★★

影响：网络直播先是蒙蔽了孩子的眼睛，接着又进一步麻痹了他们的大脑，快乐变成了一种"瘾"，影响着孩子的生活、学习和健康成长。

身处互联网时代，孩子无可避免地频繁接触网络直播。你要明白孩子沉迷直播的缘由，才能有效根治。

开始时：逃避现实，躲进快乐的直播间
（目的性行为）

这一类型的沉迷，是孩子自主决定的。他讨厌不如意的现实生活，喜欢"有求必应"的直播世界，这种沉迷是一种逃避现实的行为。如果你只是快刀斩乱麻似的阻止孩子接触直播，并不会得到理想的结果。但是不用担心，你并非完全束手无策。

"方向盘"出故障了

每段人际交往中都存在一种控制感，这种控制感是相互的，当孩子失去了对他人的控制力，他们就会跑到"句句有回应"的直播间里去寻找可以被他们"操控"的主播。你和孩子相处的时候，是不是总出现类似的场景：你想让孩子去学习的时候，他必须做到；而他想让你做些什么时，你却总以工作忙碌为借口推托。发现了吗？你总是要求孩子言听计从，但是对于孩子的要求，你并不能很好地回应。所以，当孩子在现实生活的人际关系中没办法满足自己的控制需求时，直播间就成了他们的理想去处。高度互动的直播间会让孩子找到快乐，甚至不惜代价地"一掷千金"。如果出现这样的情况，作为家长的你应该及

时改变与孩子的相处方式，减少自己带给孩子的"控制感"，多以平和的口吻进行交流，减少对于孩子的期待和要求，多多回应他们的小心思。提高孩子的"控制感"，降低孩子的"被控制感"，也许会有出人意料的效果。

被遗忘在角落里的孩子

是不是你平时很少关注孩子的变化，放任其独自成长，所以他才会选择沉迷直播间去获取关注呢？不妨问自己几个问题："我知道孩子在班级中最好的朋友是谁吗？我知道他最崇拜的人是谁吗？我知道他最近一次情绪崩溃是什么时候吗？"如果大部分答案你都不确定，那你真的要认真思量一下，你所谓的"关注孩子"究竟关注了什么。你是否对孩子说过类似于"你的字很好看"这种从细节上认可孩子的话呢？霍林沃斯提出了"心理断乳期"的概念，心理断乳指孩子在发育成长中摆脱父母或者其他监护人的监护而形成独立人格的过程，常发生于青少年期。这个时期的青少年会明显表现出叛逆和对独立的追求，其实质是追求自身价值的实现，所以在直播间里被认可的感受会让孩子心生向往。因此，请多关注孩子、认可孩子。家长可以给自己设立两个小任务：一个是每天在细节中发现孩子的优点并表达出来，对孩子给予肯定；另一个是多了解孩子的经历，不要刻意地"逼迫"孩子说出来，给他造成压力，而是要在观察与交流中不断总结出来。

发展后：停不下来，控制不住自己
（习惯性行为）

翻看直播已经成为他们生活中的下意识行为，每天不看上一会儿就浑身不舒服、精神萎靡。当孩子对观看直播上瘾时，他们已经控制不住自己的行为了。

"停不下来的手指上滑"

上滑切换视频或者直播间基本是手机软件的基础功能，控制不住地上滑甚至会形成某种肌肉记忆，而人们对这种肌肉记忆的形成甚至察觉不到，时间就这样在手指的滑动间溜走了。虽然有的孩子能有意识地抵制直播的诱惑，但在如今的大环境下，线上上课与建群沟通无法避免，不时接触网络就好像时刻提醒孩子"可以看直播啦"，消解着孩子想要戒掉直播的努力。同时，处于青春期的孩子，自控能力还没有发展完全，养成的肌肉记忆时刻带着他们寻找下一个"上滑战场"。这时，你需要对苦苦挣扎的孩子施以援手：合理安排孩子使用网络的时间，比如周末可以玩一个小时的手机，周一到周五如果作业提早完成，可以选择一天奖励半小时的上网时间；考试成绩优秀可以增加周末的上网时间等。因人而异地提前安排好使用手机的时间，并利用电子产品的"家长监管"功能，有助于给孩子"断瘾"。此外，还可以和孩子一起学习"手指舞"，不仅可以增进感情，还可以帮孩子锻炼手指肌肉，不失为一种摆脱上滑的肌肉记忆的好办法。

被本能掌控

精神分析学家卡伦·霍妮提出这样的观点：人在看不见的子宫出生，在充满未知和敌意的世界成长，不安全感导致的焦虑，需要通过"窥探"实现自我保护。这种本能一直被认为是不道德的，虽然孩子会有意识地压抑这个本能，但在日常生活中，我们也能发现一些蛛丝马迹。比如，孩子热衷于翻看你的钱包，喜欢讨论明星八卦，这些好奇心的表现就属于一种窥探欲。直播间里，主播会在摄像头前展现自己的生活、自己的饮食习惯、自己的旅游行程等，提供了让孩子释放自己的环境，孩子沉迷其中也显得理所当然了。孩子对直播好奇可能是因为不了解，对此，家长需要敏锐地察觉孩子的窥探欲的表现。根据其表现，你可以针对孩子好奇的点与孩子沟通，让他尽快了解新鲜事物背后的逻辑和原理，替代性地补偿孩子的好奇心。

事实上，沉迷网络直播是当代网民都存在的问题，但是对于青少年来说，他们的自我控制能力还未发展完全，没有形成成熟的人格和思想，容易受到误导。自我控制能力是孩子适应社会的一项重要能力，是自我意识结构中自我调节的最基本手段。它体现了孩子在没有外界监督的情况下，抑制冲动、抵制诱惑、延迟满足，控制、调节自己的行为，从而保证目标实现的一种综合能力。心理学家班杜拉认为，自我控制的组成过程包括自我观察、自我判断、自我反应三个过程。

"自我观察"指人会根据不同的活动中存在的不同衡量标准，对行为表现进行观察的过程。"自我判断"指人会为自己的行为确立某个目标，以此来判断自己的行为与目标之间的差距并引起肯定的或否定的自我评价的过程。"自我反应"指个人评价自我行为后产生的自我满足、自豪、自怨和自我批评等内心体验。

1977年，班杜拉又进一步提出了"自我效能"的概念，即个体对自己具有组织和执行达到特定成就的能力的信念，它是一种主观感受，而不是能力本身。效能信念影响人的思维、情感、行动，并产生自我激励。这种信念调节着人们的选择，在所选择的事情上付出多大的努力，在面对困难和挫折时能经受多大的压力。所以，作为家长的你如果想要提高孩子的自我控制能力或水平，提高自我效能是一个关键。

让孩子从自己的成功经历中提升自我效能感是可行的途径之一。比如，你可以通过某件事来表扬孩子（让孩子获得关于成功的直接经验）。另外，观察他人的经历，也会影响观察者自身的自我效能感。父母是孩子能直接接触到的榜样，你可以通过展现自己的成功经历，让孩子相信他也可以做到（让孩子获得关于成功的替代经验）。"言语劝导"和"情绪唤醒"也有助于提升自我效能感，这就需要你不断地通过语言去鼓励孩子，让孩子摆脱消极情绪，增强自信。

由此看来，在孩子成长的道路上，挫折可以存在，但不能只留下挫折，否则自信一旦被击碎，就很难拾起。让孩子相信自己可以获得成功，有益于提高他们的自控力，及时走出网络直播的沼泽。

写给孩子的信

亲爱的欣仔：

　　妈妈注意到，线上上课的模式给你带来了很多困扰，一开始，你无法适应，"听不清、记不住、跟不上"的情况频频发生，我还记得你崩溃大哭的样子。但是孩子，你真的很优秀，短短几个月就调整好了学习方式，并在第一场考试中取得了优异的成绩。为了不耽误你的学习进度，我为你买了一部智能手机。但是我发现，事情开始向着相反的方向发展。自从有了手机，你开始喜欢上了看直播，甚至已经不单单是喜欢了，你开始魂不守舍地在各个直播间来回跳转。直播好像已经取代课本成为你的精神食粮，你的生活可能正在被直播侵蚀。妈妈并非危言耸听，这真的很可怕。

　　我承认，确实有正能量的直播间，主播会分享励志故事给予你生活的能量，给你讲一些文学作品或科普知识；有的直播间能看到各种美食探店、旅游探险视频，它们打开了无聊学习中的天窗，让你越发觉得，眼前的课业是"生活的苟且"，直播里才有"诗和远方"。但再好的直播间也不是你的现实生活，再优秀的主播也不是你自己，他们或可成为你学习的榜样，但是不能占据你大部分的时间。

我理解你的沉迷，因为我也喜欢看直播。但是我知道人生还有很多事情要去做，身为成年人，我需要工作；身为母亲，我要关注你的成长；身为孩子，我要照顾家中的长辈；对于自己，我也有喜欢的手工作品想要制作。那么，孩子你呢？作为学生，学习是不是应该放在第一位呢？主播为你打开了多样的世界，可那些多彩的生活，你要亲身去感受才能有所收获。读书主播花大量时间阅读《百年孤独》，查阅马尔克斯和拉美文学的相关知识，才能让你津津有味地听上三分钟。可是，难道你不想知道这三分钟背后，文学真正的魅力在哪里吗？你羡慕乐器主播的"十八般武艺"，对手碟鼓一直跃跃欲试，我也很感兴趣，不如咱们就一起学起来。孩子，直播只是窗口，真正的风景需要踩在大地上才能欣赏。

直播间中丰富的内容来自主播们认真的准备与积累，与其沉迷，不如行动。直播中吸引你的事物，我们可以选择性地逐步尝试。也许你会在阅读中惊叹，原来想在镜头前侃侃而谈几分钟，需要如此大的阅读积淀；也许你会在玩乐器时明白，哪有什么浑然天成，都是夜以继日的锤炼。更重要的是，你拿手的应该是你的课业。我希望在不需要线上上课的时候，你的手机可以暂时存放在我这里，我们一起协商制订一个"手机见面"计划,让手机在"完成使命"后,暂时离开你的视线,助你全力以赴地迎接现实中的挑战。

其实,你一直都是个明事理的孩子,我倾吐了我的心声,相信你可以理解我的想法。网络无处不在,我们不能因为害怕沉迷而完全拒绝接触;但是,我们必须要调节自己的行为,不能沉浸其中无法自拔,被网络直播所控制。我相信你的魄力和行动力,也期待着有一天,你在言谈方面底蕴更深厚,你在兴趣领域有了一技之长。诗不在远方,而在生活的朝夕间。如果真有那样一天,妈妈愿意做你"直播"的第一个观众,为你送上最真诚的祝福。

爱你的妈妈

网络成瘾评估工具（IAT）

杨（Young）是最初研究网络成瘾的学者，他在自己最开始设计的网络成瘾测量工具（YDQ）的基础上，将题目由8道扩展至20道，编制成新的评估工具（Internet Addiction Test，IAT），见下表。每道题根据符合的程度按1—5评分，1=几乎没有，2=偶尔发生，3=有时发生，4=经常发生，5=总是如此。

特别需要强调的是，在回答这些问题的时候，仅考虑学习以外的上网时间。你可以灵活运用这张问卷，若将表格中的"上网"替换为"观看网络直播"，也许会帮你进一步判断孩子对网络直播的成瘾情况。

题目	几乎没有	偶尔发生	有时发生	经常发生	总是如此
1. 你觉得上网的时间比你预期的要长吗？	1	2	3	4	5
2. 你会因为上网忽略自己要做的事情吗？	1	2	3	4	5
3. 你更愿意上网而不是和亲密的朋友待在一起吗？	1	2	3	4	5
4. 你经常在网上结交新朋友吗？	1	2	3	4	5
5. 生活中，朋友、家人会抱怨你上网时间太长吗？	1	2	3	4	5
6. 你因为上网影响学习了吗？	1	2	3	4	5
7. 你是否会不顾身边需要解决的一些问题而上网查邮箱或看留言？	1	2	3	4	5

题目	几乎没有	偶尔发生	有时发生	经常发生	总是如此
8. 你因为上网影响到你的日常生活了吗?	1	2	3	4	5
9. 你是否担心网上的隐私被人知道?	1	2	3	4	5
10. 你会因为心情不好去上网吗?	1	2	3	4	5
11. 你在一次上网后会渴望下一次上网吗?	1	2	3	4	5
12. 如果无法上网你会觉得生活空虚无聊吗?	1	2	3	4	5
13. 你会因为别人打搅你上网而发脾气吗?	1	2	3	4	5
14. 你会上网到深夜不去睡觉吗?	1	2	3	4	5
15. 你在离开网络后会想着网上的事情吗?	1	2	3	4	5
16. 你在上网时会对自己说"就再玩一会儿"吗?	1	2	3	4	5
17. 你会想办法减少上网时间而最终失败吗?	1	2	3	4	5
18. 你会对人隐瞒你的上网时长吗?	1	2	3	4	5
19. 你宁愿上网而不愿意和朋友们出去玩吗?	1	2	3	4	5
20. 你会因为不能上网变得烦躁不安,喜怒无常,而一旦能上网就不会这样吗?	1	2	3	4	5

结果分析

总分在40—60分之间，说明孩子处于轻度上瘾状态；总分在60—80分之间，说明孩子处于中度上瘾状态；而当总分在80—100之间，说明孩子处于重度上瘾状态。

怎么让孩子明白网络消费可能是"吸金黑洞"?

> 君子役物,小人役于物。
>
> ——[战国]荀子《荣辱》

表现:追求符号价值,网络消费自由异化。

常见指数:★ ★ ★ ★

影响:孩子们对"网络符号"的沉浸式消费,轻则造成"网购惯性",重则沉迷其中难以自拔,导致"消费成瘾"。这不仅造成金钱上的损失,更助长了孩子的惰性,弱化了其自我掌控与主动思考的能力。

"网络消费"到底是什么？当下的孩子们从出生起就与智能时代无缝对接，在数字信息技术的影响下，不难发现，孩子们的消费观早已与十年之前的消费观大相径庭。于他们而言，"网络消费"不再仅仅是传统意义上的商品交易，而演变成了更加宽泛的网络"符号消费"，如查阅付费信息、浏览付费书籍和电影以及为虚拟唱片、虚拟偶像、互动游戏付费等一系列文化消费形式。网络消费，正从传统意义上的"网购实物"走向现代意义上的"虚拟符号消费"，网络从消费渠道变成了消费对象。在这种情况下，孩子们的消费观念发生了何种改变？他们背后的心理变化又是如何产生的？如果能够厘清这些变化的原因，或许可以做到真正意义上的有的放矢，最终引导孩子们在琳琅满目的"网络符号"中做出合理的消费决策。

内在因素的催化作用

主观性地感知炫酷

从网络消费的层面来看，"炫酷"其实是消费者对产品的一种感知或态度，反映了个体的心理因素。孩子们对于"酷"的感知随着时间的推移呈现出动态的变化。他们通过对商品的更新迭代、外观以及功能等属性的判断，不断追求"酷"的消费体验和符号价值。于是，对于奇特、新颖和大众偏爱的符号产品疯狂消费,成为孩子们对"个性"的追求和对独特生活的诠释。其实,在孩子的成长过程中,一些家长会给予他们足够的尊重以及相对充分的自由。但不得不去思考,对于孩子而言,到底什么才是适合他们的"个性消费自由"?人本主义哲学家埃瑞克·弗洛姆指出,人的个性化发展中存在两种自由:消极自由与积极自由。"消极自由"是突破外在环境束缚而产生的一种自由;"积极自由"则是由人自主发挥理性和主观能动性的自由。看到这里,不知道你是否会有些许启发。与其限制零花钱导致孩子产生突破束缚的叛逆心理去报复性地购买"个性",不如从"个性"本身出发,引导孩子认清"酷"并非只有不断购入"潮流"才能得以实现。

以下具体做法,或许可供你参考。

首先,本周的七天时间里,每天与孩子探讨"你认为最酷的一件事情",每天的主题与内容都不可以重复。讨论的话题可以是"服饰穿搭、电子产品",等等。在此,请不要限制孩子任何天马行空的想法。

其次,当孩子说完他所认为最酷的事情后,请你把孩子当成好友,与他探讨为何这样的想法会很"酷"。

最后,就是使用你的"小心机"的时候了。你可以在尊重孩子的想法的基础上进一步表达出你认为的"酷"是什么:国家的振兴、航空航天事业的发展、电子产品更新迭代的背后是我国科技创新实力的不断增强，等等。引导孩子参与"定制个性"的讨论，为他们认为的"酷"赋予价值，引导孩子对"网络符号"的购买做出合理决策。如果你愿意，不妨试试这个方法，毕竟，"从问题本质出发，才能有针对性地破题"。

求"新"欲望的推波助澜

现阶段我们不难发现，电子支付的便捷刺激孩子们在网络消费中不会过多思考"量"的概念，而是把消费当成了一种数字化的虚拟符号交换，大大降低了孩子们对金钱支付的敏感度。在网络符号消费中，孩子们持续增长的求新欲望成为他们不断花钱的核心动力之一。他们能够在各种手机软件中获得大量的测评信息。很多博主会通过不断更新测评内容来得到大量转发、点赞以实现"符号变现"。然而，对于现阶段的孩子们来说，"非黑即白"的判断方式会导致他们认为，粉丝庞大的转发和点赞就是高品质生活的象征，"新的内容"在持续吸引他们眼球的同时，"同频拥有"成为他们的内在需求。于是，孩子们在不断更新的刺激下流连于各种购物软件，大量购入相同或相似的产品。看到这里不知道你是否会有代入感——其实不只小孩子，成年人也同样会被"求新"的冲动支配。既然这样，我们不如同样回到"欲望"本身去看看。

20世纪80年代，多位心理学家通过实验研究提出了"心理模拟"的概念，指对一些或一系列事件的功能或过程的想象表征。具体来说，就是通过心理模拟，对未发生的事件做出更加具体和真实的假想推理，这些详细的信息能够帮助我们在随后的事件中形成相对有效的解决办法。

那么，如果落实到网络消费这件事上，家长可以与孩子一起进行"心理模拟"并觉察自我。具体来说，可以采取以下步骤：

一、澄清概念。

请与孩子核对："真正使你快乐的事情到底是什么？是不断地重复拥有，还是按下支付密码的那一刻？想象一下，当你的小床摆满相同的娃娃，但手里的余额实际上只够几顿饭钱的时候，就是你所追求的高品质生活吗？高品质生活的内涵可能远不止这些。"

二、尝试着与孩子约定使用现金支付，有意识地培养孩子对金钱的敏感程度。

孩子不是"小魔头"，更不要觉得反复核对会把孩子问烦，请拿出你的坦诚与孩子平等交流，互相觉察并梳理记录。我相信，他能够感受得到你的尊重与包容。"如果一件事情的快乐和'收益'远比花钱划算，那我们一定会理性消费"。

外部因素的诱导作用

感知有用性和感知易用性

"感知有用性"是指消费者在主观意识上越认可信息系统以及相关的技术，越容易触发消费；"感知易用性"则是当消费者认为该系统或技术越容易学习，越会高频率地使用。很多孩子会认为网络消费方便快捷，同时，各类手机软件的开发者会不断优化系统以使支付方式更加便捷，但对于孩子们而言，这种情况带来的最直接的后果就是，他们在手机软件上不断消耗着时间，"便宜、方便以及主播带货"更是刺激着他们"花钱成瘾"，"认可技术"和"方便"最终导致他们被网络消费所支配。反观作为家长的你，是否也在无形中被网络消费所"绑架"呢？既然我们自己也多多少少存在这种情况，那就请不要从孩子手里直接夺下手机，更不要呵斥他们。我们总是想着高效率地生活，但我们是否思考过，快节奏下的我们是不是也在潜移默化地影响着孩子？想一想，从孩子上初中起，亲子时光有多少时间呢？你可能会抱有疑问，这与控制网络消费有何关系？梅拉比安（Mehrabian）和拉塞尔（Russell）在环境心理学基础上提出的"刺激—机体—反应模型（S—O—R模型）"认为，不同的情境刺激（S）会为个体带来不同的体验，机体（O）内部会产生感知、情绪与态度，进而做出相应的反馈（R），最终影响行为。在现实中，可以这样应用这一模型：当孩子需要某些学习用具或想要网购时，请你适当放慢"脚步"，邀请孩子"陪"自己一起去家附近的超市逛一逛（S），或者一起将购物软件投屏至电视上，邀请孩子一起货比三家去挑选（S），当孩子感受到被"需要"同时也被"陪伴"的时候（O），我想不仅他们，可能连你也更享受这样的亲子时光吧（R）。不要担心孩子长大了更需要独处会拒绝你，更不要用你的想法理解孩子的内心，请真诚地邀请他"帮助"你。陪伴有很多种方式，"针对性"才是那味药引。

情感刺激消费循环

情感的存在与释放具有社会性。生于网络时代的孩子们，他们的情感满足倾向于越来越依赖虚拟化。网络流行文学的影视化、动漫二次元的人工智能立体化以及商品被赋予的广告文化等，都精准地戳中了孩子们的情感需要。"饭圈文化"一章中，曾提到过与孩子一同探讨零花钱的使用计划，那么在这里，可以在此基础上进一步与孩子深入且坦诚地探讨"到底该如何实施计划"这一问题。很多时候，我们没有办法改变社会潮流对孩子强制性的情感输送，但我们可以换一种方式让"情感"转换。我相信作为家长的你们，一定给予了孩子足够的爱和尊重，不然他们可能连付费的机会都没有，何来"消费成瘾"？可以告诉孩子通过合理分配的方式来获得自己想要的东西，也可以以此为契机培养孩子"投资理财"的意识，简单来说就是"钱生钱或许能够让你更有能力支付你想要的东西"。青春期的孩子希望被大人认可，让孩子参与并学习理财知识不仅能够让孩子感受到认同感，同时也能在生活实践中培养孩子务实的精神。芝加哥大学行为经济学家理查德·萨勒（Richard Thaler）提出了"心理账户"的概念，具体指的是人们在心理上对经济结果的分类记账、编码、估计和预算的过程。通过理财可以发现，人们在消费的时候会出现"心理成本"，而心理成本能够将"心理账户"划分为不同的消费目标，进而衡量具体的消费成本，形成对金钱合理的掌控方式。家长不妨拉上自己的孩子一起学习理财知识，对已有财富的管理才是真正意义上的财富效用最大化！请与孩子一起掌控数字世界的符号吧！

写给孩子的信

嗨，展展：

今天的话是我突然有感而发想要对你讲的，你可以理解为人到中年的我，在夜深人静时忽然的"矫情"吧。但愿明天你看到信不要"一脸嫌弃"哦！

今天我在整理本星期的家庭开销和下周预算时，你突然开心地跑过来告诉我，我们当初一起研究投资的理财项目，截止到今天已经净赚八千块啦！虽然我们已经小小地庆祝过，但是此时我依旧感到很欣慰很幸福，深夜提笔想写一些话，感谢我们都在陪伴彼此成长。

还记得一年前，我们经常会因为网络购物的问题而产生分歧，我没办法理解你即使不吃饭也要不停地购买盲盒，也没办法理解你因为买一个东西而在各个软件上消耗着大量的时间。其实作为成年人，我也有着和许多人一样的心态：不自觉地被直播带货、短视频推荐吸引目光，掉入网购的怪圈。结果可想而知，我们俩的快递数量自然也不相上下。当时的我既跟你生气，也有些责怪自己，所以停掉了你所有的零用钱，结果我们竟然一周没在饭桌上见过！最终在彼此情绪稳定的情况下,爸爸充当了主持人,我们开了一场严肃的圆桌会议,气鼓鼓的我们俩最终协定:你先从减少盲盒购买数量开始,而我也尽量控制面膜和口红的数量。我记得最清楚的就是为了遵守约定,我没有在网络上囤积生活用品,而是拉着你和爸爸,我们全家人一起去超市采购。当我看到你和爸爸在认真地帮我挑选商品时,我意识到在忙碌的生活中,我们确实好久没有一起"三人行动"啦!这是网络消费无法带给我们的亲子时光呀!的确,不只是孩子需要陪伴,作为妈妈,我也需要宝贝女儿的陪伴!从那时起,我增加了你的零花钱,也坦诚地告诉了你我的担忧:"我的确不想让你乱花钱,但可能之前的方式过于武断,你可以买自己喜欢的任何东西,但你每周要存下一部分零钱,多少无所谓,如果你愿意这么做,我就给你消费的自由!"当我发现你每周的余额越来越多时,我尝试着与你沟通是否想用攒下的钱来理财,你表示同意后,竟然花了一晚上的时间整理出来五六本理财书籍的简介。你知道吗,我当时觉得你好帅,好像一下子长大了!现在的你,已然是一个精打细算的人啦,当然,我的最终目的也达到了!

其实我知道你已经不是小孩子了,但毕竟我看着你从那么那么小的样子逐渐成长,我总想去保护你,让你少走弯路。当然，我也在重新思考爱的目的，我不想掌控你，我希望你独立且自信，能够接纳他人的建议，同时也有自己思考问题的视角。摘录胡适先生写给孩子的话做个结尾吧："我不是你的前传，你也不是我的续篇。你是独立的个体，是与我不同的灵魂；你并不因我而来，你是因对生命的渴望而来。你是自由的，我是爱你的；但我绝不会以爱之名，去掌控你的人生。"妈妈给你的爱，也是一种积淀的财富，这可是你所拥有的独一无二的情感财富呀。我想在这"爱的投资"中提取一点"利息"，可以吗？如果可以，我希望明早的早安问候后，能听到你说："妈妈，我也爱你！"

晚安，宝贝儿。

爱你的妈妈